· 豆豆妈妈系列图书 ·

儿童时间管理效能手册

30天让孩子的学习更主动

王宏 钟思嘉——著

清华大学出版社

北京

内 容 简 介

　　《儿童时间管理训练手册》的出版，为困惑中的父母提供了抓手。"三表一录"帮助孩子"一立三高"（建立时间观念，提高做事速度、精度、效率），立竿见影。父母也遇到了烦恼，如开始有效、后来无效，父母很挫败，甚至放弃"三表"，回归"狼追型"教育。

　　本书结合"父母效能"的理念和"儿童时间管理训练"的技巧，帮助父母在"驱力型"教育指导下，微调"三表一录"，有效达到教育目标——近期提高孩子做事效率、远期培养有责任感的孩子。

图书在版编目（CIP）数据

　　儿童时间管理效能手册：30天让孩子的学习更主动 / 王宏，钟思嘉著 . —北京：清华大学出版社，2017（2022.6重印）
　　（豆豆妈妈系列图书）
　　ISBN 978-7-302-47469-2

　　Ⅰ.①儿…　Ⅱ.①王…　②钟…　Ⅲ.①时间 – 管理 – 儿童读物　Ⅳ.①C935-49

　　中国版本图书馆 CIP 数据核字（2017）第 126346 号

责任编辑：杨静华
封面设计：刘　超
版式设计：楠竹文化
责任校对：赵丽杰
责任印制：杨　艳

出版发行：清华大学出版社
　　　　　网　　址：http://www.tup.com.cn，http://www.wqbook.com
　　　　　地　　址：北京清华大学学研大厦 A 座　　　　邮　　编：100084
　　　　　社 总 机：010-83470000　　　　　　　　　　邮　　购：010-62786544
　　　　　投稿与读者服务：010-62776969，c-service@tup.tsinghua.edu.cn
　　　　　质量反馈：010-62772015，zhiliang@tup.tsinghua.edu.cn
印 装 者：三河市铭诚印务有限公司
经　　销：全国新华书店
开　　本：170mm×240mm　　　印　　张：16　　　字　　数：225 千字
版　　次：2017 年 6 月第 1 版　　　　　　　　　印　　次：2022 年 6 月第 12 次印刷
定　　价：49.00 元

产品编号：075258-02

有效的时间管理是良好习惯的核心

根据豆豆妈妈工作室多年前的一项儿童能力培养调查报告，孩子有良好生活习惯是父母十分重视的一项能力。中国人对"习惯"一词的说法，早在《孔子家语》《汉书·贾谊传》等古籍中就出现过。根据文字学的解释，"习惯"由两个字组成，"习"指的是努力不断、继续学习，也有学习过后时常温习之意，而"惯"则是经久养成的性质、式样，也有积久成性和从容之意。综合两个字的解释为：通过生活中的耳濡目染和长期的学习，逐渐积累形成的惯性行为。

习惯既然是学习而来的惯性行为，自然有所谓的好坏之分。然而，什么是良好生活习惯，在访谈中发现受访家长虽然对孩子的要求各有不同，但不外乎是衣食住行、学习和休闲活动等妥善规划。由此可见，有效的时间管理是良好生活习惯的核心。

很高兴听到之前出版的《儿童时间管理训练手册》受到读者们的欢迎，并得到许多家长在实际应用上的好评，这是豆豆妈妈工作室伙伴们十多年来从事家庭教育工作的初心。也就是这么一点成就和满足感，激励着我们在家庭教育的土壤里持续努力耕耘。

在《儿童时间管理训练手册》出版后，我一直有种担心，因为这本书虽然提到了一些父母在训练孩子时的基本原则，但仍着重训练孩子时间管理的具体方案和操作方法（如学习武术的外功），缺乏父母在训练时的重要的教养理念（如学习武术的内功）。当时也和王宏老师讨论过自己的忧虑，没想到在短短半年的时间里，她完成了这本结合父母效能理念和儿童时间管理训练的效能手册，这本书不仅展现了融会贯通的创新意义，更能帮助家长在训练过程中内外兼修，得心应手。

《儿童时间管理训练手册》在写作过程中，我是给了豆豆妈妈工作室伙伴们一些修改意见，他们基于对老师的尊重，让我当了第一作者。当我得知他们再接再厉地完成了儿童时间管理训练的系列著作时，我欣然承诺在内容方面给予一些建议，但坚持如果要挂上我的名字，我只能是第二作者，因为这些创作是他们多年经验和心力的积累，我只是肯定他们贡献的见证者。

回想三十多年来我在家庭教育事业方面的成长，感恩我的老师 Lowell 博士在我学习父母效能课程上的播种，感恩许多家庭教育工作者的育苗，感恩豆豆妈妈工作室伙伴们的栽培，感恩清华大学出版社的扶植，感恩所有给予我们肯定和批评的家长。因为有你们，我们的下一代更有福。

钟思嘉

2017 年 6 月 1 日

孩子幸福人生始于时间管理

时光飞逝，转眼豆豆已经是大三的学生了。还记得写《儿童时间管理训练手册》的时候，豆豆还是高三的学生呢。也许本书出版的时候，豆豆即将大学毕业了吧，对于一个时间观念淡薄的平和型孩子，三年完成学业，提前毕业，真是一件很不容易的事情。远隔重洋求学的他，每周都会和我们视频，看着他忙忙碌碌地学习、生活、娱乐，我们都非常开心，并为我们2004年的决定和12年来的执着点赞！

2004年开始，我们一起跟随钟思嘉老师学习"父母效能"。短短三天时间里，上小学三年级的豆豆发生了质的变化，从原来的"木头人"变成了"小活人"。立竿见影的效果让周围的家长羡慕不已，纷纷要求学习"父母效能"。这就是豆豆妈妈工作室的第一批家长学员，如今他们的孩子都已经大三了，我也和这些家长们成了亲密的朋友。

你一定很好奇，三天的时间里，豆豆为什么会发生这么大的变化？原因就是我学习了"父母效能"，了解到做父母是要学习的，这是一套独立的方法技巧，即使我是心理学专业的硕士、大学讲师，也不能无师自通。

然后我毅然摒弃了提醒、催促、唠叨等"狼追型"教育，采用积极有效的"驱力型"教育方法，把"父母效能"的方法和技巧具体应用于豆豆的成长，根据豆豆的性格特点制定了"豆豆时间表"（见 2005 年出版的《豆豆妈妈的成长》），把孩子的学习、生活、运动、交友等方方面面都落实在这张表中，通过这张表来实施父母的教育理念、方法和策略。

随着豆豆的成长，"豆豆时间表"不断丰富，逐渐演变成"三表一录"（时间表、星星表、礼物表、美言录），并广泛应用于众多的家庭和孩子，形成了《儿童时间管理训练手册》。在这本书中，通过帮助孩子制定"三表一录"，着重训练孩子"一立三高"，即建立时间观念、提高做事速度（快）、提高做事精度（准）、提高做事效率（快而准），30 天让孩子的学习更高效。

很多父母在制定"三表一录"时遇到各种困惑和障碍，如孩子不要红星也不完成任务，孩子刚开始对红星有兴趣后来没兴趣，孩子不执行时间表，孩子对礼物不感兴趣，孩子总是达不到目标，孩子表现波动很大等，父母非常烦恼并产生了挫败感，甚至放弃儿童时间管理训练，贻误孩子成长的关键期。

这些困惑源于父母只见树木不见森林，只关注"时间管理"，忽视了时间管理的主体是"儿童"。"三表"只是工具（就像刀子，可以伤人，也可以为我所用，关键在于使用者的动机和目标），如果家长的理念是"狼追型"，"三表"没有好处，甚至有害。只有家长的理念是"驱力型"，并且符合自己孩子的"最近发展区"，"三表"才会起到激励孩子内在动力的作用。有些父母制定的"三表一录"是为了让孩子更听话，其实质是"狼追型"教育，违背了儿童时间管理训练的初衷和目标——"驱力型"教育，阻碍"三表一录"的实施。

要保证"三表"是在"驱力型"教育指导下，父母首先要按照《儿童时间管理训练手册》的第三章至第六章，先观察记录孩子当下的情况（舒适区），再把父母的期望列出来（潜能区），一步步实施，至少 30 天才能形成适合你孩子的"三表"。不要直接照搬书中或别人的表，也不要想当然地按照自己的想法制定"三表"让孩子执行，那样的话可能无效，或者暂时有效而不具有长远性。制定"三表"时，最重要的是第三章的"观察记录"，这是找到孩子舒适区的重要环节。

其次，"三表"看似简单，其背后的理念是关键，涵盖了时间管理、目标管理、绩效管理、情绪管理、交友管理等五大自我管理。儿童时间管理训练表面看是时间管理能力的训练，实质是行为习惯和性格养成的训练！如果父母仅仅着眼于训练孩子的时间管理，忽视了孩子成长的规律，更忽视了父母也需要学习"父母效能"的方法和技巧，就无法从根本上帮助孩子健康快乐成长。

本书结合"父母效能"和儿童时间管理训练的技巧，帮助父母在"驱力型"教育理念指导下建立和调整适合孩子的"三表一录"，快速提高父母"儿童时间管理效能"，达到理想的教育目标——近期目标是训练孩子高效生活和学习，远期目标是培养有责任感的孩子。

为了提高儿童时间管理效能，父母首先要了解儿童时间管理的心理因素，"试误说"告诉我们孩子成长包括教学、学习、习惯等几个环节，其中最重要的是学习，即把学到的知识通过练习转化为技能，这个过程就是犯错误的过程。"成败效应"告诉我们要想使"三表一录"有效，父母要帮助孩子制定行之有效的时间表，帮助孩子获得成功效应、避免失败效应，孩子才愿意遵守时间表，提高学习兴趣。"焦虑曲线"教会父母给孩子制定目标时，不仅要"合理"，更要"合情"，要学会目标分解，保持孩子的心理压力在中等水平，孩子才愿意执行。"超限效应"提醒父母要多看孩子的努力和付出，激发孩子的积极性；避免提醒、催促、唠叨等"狼追型"方法，否则，孩子容易厌烦、逆反、生气、发脾气等，甚至干脆放弃。"沟通三部曲"教会父母和孩子有效沟通的三个步骤，即接纳、反映、讨论等，和孩子先"共情"，再"共事"，有助于提高孩子的记忆力、理解力、创造力、积极性等。"交友管理"帮助父母学会目标分解和角色扮演，训练孩子的情绪管理、自信心、自控力、沟通技巧等，在帮助孩子交到朋友的过程中，提高孩子的社会适应能力。最后一个心理因素是孩子自控力的训练，每个孩子的注意力时间不同，通过训练孩子的自控力来提高孩子上课的效率。

其次父母要学会儿童时间管理的具体应用。如孩子一写作业就坐立不安，一会儿小便，一会儿吃零食，要不就是咬铅笔、啃橡皮，一小时的作业能耗三四个小时，好像作业是给家长写的，怎么办？孩子玩的时候生龙活虎、活蹦乱跳，好像有使不完的劲；可是一坐到书桌前，一提学习就无精打采、蔫头耷脑、眼神暗淡、哈欠连天，怎么办？孩子缺乏自理能力，不会主动收拾自己的物品，随处乱放，找不到时大喊大叫，甚至哭闹，吃剩的残渣也不肯收拾干净，怎么办？孩子吃了饭，从来不帮助家人收拾碗筷；看到家里来了客人，甚至连招呼都不打；只要家里人不催促去写作业，便会在电视机前一直待着，不催不动，怎么办？爸爸妈妈平时自己对孩子照顾得无微不至，孩子病了，大人心急火燎地为他四处求医，而爸爸妈妈病了，孩子却连倒上一杯水都想不到，爸爸妈妈很伤心；孩子似乎对周围的人和事表现出漠不关心的样子，怎么办？孩子没完成老师布置的任务却把责任推卸给别人，如老师让孩子第二天带一件东西来，结果他忘了，问其原因便说"爸爸没给我准备，妈妈忘了给我拿"，怎么办？孩子在学校很有责任感，而回到家里就判若两人，想与老师沟通，但又觉得揭穿孩子，担心孩子自尊心受到伤害，怎么办？

第三章至第八章是"父母效能"的六个模块，这部分内容可以帮助父母在进行儿童时间管理训练过程中更高效，确保父母摒弃"狼追型"教育，采用"驱力型"教育，从根本上尊重和接纳孩子，相信孩子有独立情感和思想，允许孩子犯错，并最终成就孩子未来的幸福人生。

第三章是孩子的行为目的。孩子的话没有傻话，孩子的行为都是有目的的。针对孩子的行为表现，帮助父母了解孩子的行为目的——吸引注意、争取权利、报复、自暴自弃等，以及行为目的的变化和正确导向 ABC，破解孩子的行为密码，正确解读孩子的行为和发展方向。根据父母的感觉——厌烦、生气、伤心、想放弃等，具体区分孩子不同的行为目的，从而深入了解孩子的错误想法和预期可能的无效反应，以便于采取行之有效的应对方法，强化孩子的好行为，避免孩子的偏差行为。通过分析孩子的行为目的，正确理解：孩子在老师表扬和关注的情况下，表现出强烈的责任感；一旦没有监督，孩子就无所顾忌。要寻找方法引导孩子表现好行为。

第四章是父母的情绪管理。在教育孩子的过程中，父母的情绪是最大的一个困扰因素，如果家长了解父母的情绪管理以后，就会更好地稳定自己的情绪、发挥自己的智慧，更好地跟孩子建立良好的亲子关系。通过了解孩子行为的两面性，帮助父母看到孩子好的行为，确定父母生气的权利属于自己。通过分析父母和孩子互相抱怨的原因，找到父母生气的负向想法——严重不幸、应该 / 必须、无法 / 不能、自责内疚，正是这些错误的想法导致父母情绪失控。总结出父母不生气的两个法宝：一是父母拥有生气的权利；二是父母生气不是因为孩子做错事，而是因为父母自己的错误想法。了解父母生气的严重后果，掌握灭火口诀——一离二吸三凉水，父母的情绪管理决定孩子未来的发展方向。正如亚里士多德所说：任何人都会生气——这很简单。但选择正确的对象，把握正确的程度，在正确的时间，出于正确的目的，通过正确的方式生气——这却不简单。

第五章和第六章是亲子沟通。沟通过程中父母和孩子要彼此真诚地表达自己的感觉和想法，不必担心被对方拒绝。包括两个方面：一是父母如何听，孩子愿意说；二是父母怎么说，孩子愿意听。首先要了解阻碍父母沟通的七种错误角色，避免封闭式沟通，打开和孩子沟通的桥梁。用开放式沟通的态度，学习积极倾听（反映倾听）的六个技巧和具体的沟通句型，帮助孩子真实表达自己的感觉和情绪，跟孩子建立良好的亲子关系，并应用于和老师、孩子的具体沟通中。父母首先要还给孩子成长的过程和权利，通过"我的信息"表达自己的感觉和想法，跟孩子一起分清问题所有权，不要错误地承担孩子该承担的责任。少用"你的信息"破坏亲子关系。面对问题，如孩子上课说话，父母要学会沟通三部曲——接纳、反映、讨论，在父母和孩子情绪平静的情况下，才能共同面对问题，帮助孩子通过"问题解决六步骤"找到解决问题的方法。

第七章教会父母掌握鼓励三段论和美言录，了解鼓励和称赞的区别，以及鼓励的原则，避免不正确的态度和行为。人需要鼓励，如同植物需要水一样。受到鼓励的孩子不会变坏，父母要学会发现孩子好的行为、孩子的努力和进步，及时鼓励，让孩子在"乐学"中体验成就感和"我能行"，更加积极主动做事，避免虎头蛇尾、半途而废，建立自尊、自信和自我价值。

第八章是有效对待孩子的犯错行为。孩子表现好要鼓励，孩子犯错了怎么办？传统的方法是惩罚，在现今民主的时代，这个方法已经失效，取而代之的是行为结果，即让孩子承担他的行为所带来的结果，为自己的行为负责任。包括自然的行为结果和合理的行为结果。前者是随着行为自然发生的，如不吃饭会饿、不穿衣服会冷、不写作业会被老师批评等。后者是要和孩子讨论、商量几个行为结果的选项，由孩子自己决定承担哪一个。合理的行为结果和惩罚的本质区别是相关性（Related）、尊重性（Respectful）、合理性（Reasonable）、预先告知（Revealed in Advance），简称 4R 原则。通过案例讨论，深入了解父母在运用合理的行为结果时要遵循以下几个原则：了解孩子的情绪和行为目的、父母的态度要温和、父母行动要坚定、父母可能要面临挑战。

本书适合所有的父母，最适合的是 4~12 岁的父母，因为这些父母正在苦恼着孩子的很多问题，本书将会解除父母的烦恼，为父母答疑解惑。对于那些将要成为父母的，或者 4 岁以下孩子的父母，本书能起到预先防备的作用，因为提前学习儿童时间管理效能，用"父母效能"的理念武装头脑，用"儿童时间管理"的技巧训练孩子，就会知道孩子可能出现什么问题，预先做好准备。对于 12 岁以后的父母，你将会知道孩子目前的问题，正是因为在 4~12 岁的时候，父母误用了传统的提醒、催促、唠叨、警告等"狼追型"方法，导致孩子缺乏时间管理、目标管理、绩效管理、情绪管理、交友管理等五大自我管理能力，根本解决办法还是要回到民主教育，采用"驱力型"教育理念，学习儿童时间管理效能的方法和技巧，同时要兼顾孩子的心理特点，从良好的亲子关系开始。

总之，开车有驾照，当教师有教师证，做会计有会计证……做父母呢？我们都是无证上岗，但是我们不能无师自通！通过阅读本书，使父母在教养孩子时摒弃无效的提醒、催促和唠叨——"狼追型"教育，采用民主的"驱力型"教育，掌握有效的实际操作方法——了解儿童时间管理的心理因素、具体应用，了解孩子的行为目的，控制自己的情绪，积极倾听孩子，表达"我的信息"，区分问题所有权，掌握问题解决六步骤，有效沟通、及时鼓励，矫正孩子的犯错行为等，成为高效能父母，以平等尊重的原则与孩子建立良好的亲子关系，帮助孩子自我管理，鼓励孩子成为社会中顶天立地、既成功又幸福的普通人。

王 宏

2016 年 12 月 21 日

目 录

第一章

儿童时间管理的心理因素

一、儿童时间管理训练离不开"试误说"
（孩子总是犯错怎么办）

（一）孩子成长的三步骤

孩子的成长包括教学、学习、习惯三个阶段，这不是科学的定义和划分，而是为了便于父母清晰了解孩子成长的过程而做的区分，实际上应该是"教、学、习"三阶段。

从教学的定义来看，它包括父母的教和孩子的学两个部分，而这里的"教学"强调的是父母的"教"，同时把孩子的"学"一分为二，"学"知识的部分放在第一阶段，"学"技能的部分和"习"构成第二阶段的"学习"。如在孩子成长过程中，父母教给孩子的，无论是生活中的洗脸、刷牙、穿衣等，还是学习中的听课、写作业等，以及为人处事、懂礼貌、守规矩等，都是教和学的过程。通过教学的过程，孩子得到相关的知识，表示孩子"知道了"，第一步骤的教学过程快速完成。

教学之后就进入第二步骤的学习，这个阶段我们更强调"习"，即练习、实践等，孩子把父母刚刚教他的刷牙知识、方法、技巧等通过多次练习变成自己的技能。刚开始刷牙的时候，孩子可能弄得到处都是水，甚至衣服也弄脏了，之后父母还要花费时间和精力帮忙处理。这就是孩子学习的过程，是一个不断尝试错误、错误递减的过程。如孩子今天可能犯 10 个错误，经过练习以后，明天可能犯 9 个错误，后天犯 8 个错误……以此类推，就是错误递减，直至没有错误。当孩子的错误减至零时，说明他把学到的知识变成技能，完成了从"知"到"行"的转化，即完成了学习的过程。根据我们的经验，这个过程至少需要 21 天。这个过程需要父母给予的是鼓励和肯定，鼓励孩子努力刷牙，而不要对孩子刷得好不好进行评价，更不要批评他，这样孩子才会愿意继续练习。否则孩子就不敢尝试，失去错误递减的机会。

第三步骤是习惯，21天完成的仅仅是错误递减，即学习的过程，不是习惯。习惯有两个标准：一是这件事不需要有意识去做；二是这件事不做会很难受。如有运动习惯的人，如果某一天没去运动就会很难受，或者说很自然地就去运动了，这就是习惯。那么从一项新的技能变成习惯，至少需要180天的练习。

（二）桑代克的饿猫迷笼实验

桑代克于19世纪末开始，进行了大量关于动物学习的实验研究，其中最著名的实验是饿猫迷笼实验，即饿猫学习如何逃出迷笼、获得食物的实验（1898）。

图1-1是桑代克的饿猫迷笼实验装置之一。

图1-1　桑代克的饿猫迷笼实验装置之一

桑代克将饥饿的猫关在迷笼内，饿猫可以用抓绳或按钮等不同的动作逃出笼外获得食物。饥饿的猫第一次被关进迷笼时，开始盲目地乱撞乱叫，东抓西咬，经过一段时间后，它可能正确打开迷笼门，逃出笼外。桑代克重新将猫再关入笼内，并记录每次从实验开始到猫打开笼门做出正确动作所用的时间。经过上述多次重复实验，桑代克得出了猫的学习曲线。

图 1-2 是桑代克实验中两只猫的学习曲线。该曲线表明猫逃脱迷笼潜伏期与实验次数的关系。桑代克认为猫是在进行"尝试错误"的学习，经过多次的尝试错误，饿猫学会了打开笼门的动作。因此，有人将桑代克的这种观点称为学习的"尝试错误说"，或简称为"试误说"。

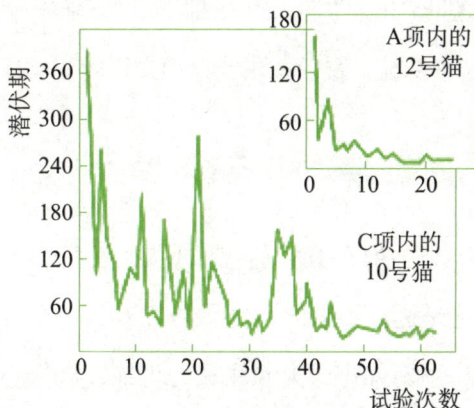

图 1-2　桑代克实验中两只猫的学习曲线

（三）孩子犯错时需要的是鼓励而不是批评

从桑代克的试误说，父母可以了解到孩子成长的过程就是不断地犯错误的过程。当孩子犯错误的时候，如果父母给予的是鼓励而不是批评，鼓励孩子的努力和付出，鼓励孩子遇到困难、愿意再尝试的勇气，那么孩子就愿意勇敢地尝试，不怕犯错误，及时承认并改正错误，孩子这个"学习"的过程才能够完成，真正把知识变成技能。

如果父母给予的是批评，就彻底违背了"试误说"的学习规律。如"告诉你多少遍，你还做错。""为什么你都答应了要认真听课，可是上课你还是说话呢？""为什么你答应要好好跟同学玩，可是又打起来了？""为什么这道题又错了？""为什么抄错数字？就不能认真点吗？"等。父母用很多的

"为什么"质问孩子，不明白孩子为什么会不断地重复犯错。父母时刻都在告诉孩子，你不应该错，你就应该一下子正确。

学习规律正是一做就错，只要父母鼓励孩子的努力，孩子就愿意再尝试，这个错就越来越少。如果孩子积极主动地尝试，而不是被父母逼着、不断重复一件事情，这就叫"乐学"——快乐地学习。即孩子做错了得到的是鼓励，他就会在快乐中错误递减，最后孩子的这项知识就变成技能了。

（四）21 次的错误到 180 天的习惯

人们常说，养成一个好习惯只需要 21 天。在我们十余年对 3 000 多个孩子的训练中发现这是远远不够的，21 天可以养成一个好行为，而非好习惯。我们发现孩子的一项新知识，大到注意力训练、自信心培养、自制力提高、沟通能力改善、情绪管理等，小到上课积极举手发言、遵守课堂纪律、回家先写作业再玩、做题准确、写字工整等，至少需要 21 次练习，即 21 次的错误递减。

如父母告诉孩子上课要认真听讲，孩子答应了。但是第二天上课的时候，孩子可能又说话了，或者东张西望等。仔细观察发现，孩子上课的前 10 分钟认真听讲，从第 11 分钟开始说话、做小动作等。如果父母针对孩子上课的前 10 分钟认真听讲加以鼓励，更多关注孩子已经做到的，不要把焦点放在孩子没做到的部分，他的错误就有可能递减。再如孩子今天上课可能说了 10 句话，得到父母的鼓励后，第二天他可能说 9 句话了。或者第一天他可能在 6 节课上都说话了，第二天他可能在 5 节课上说话了，其中有一节课他就控制住了自己，他的自制力得到了训练和提高。这个错误递减的过程至少需要 21 次的练习，即"学习"的重点是"习"，至少需要 21 次的练习。

父母教育孩子的过程中，要遵循三个步骤：一是教学，父母教，孩子学；

二是学习，即把学到的知识变成技能，这个学习的过程就是试误的过程，孩子犯错之后需要父母的鼓励；三是习惯，用"外驱力"激发孩子主动练习，帮助孩子制定"三表一录"（时间表、星星表、礼物表、美言录，参见《儿童时间管理训练手册》），至少不断地重复180天，才能帮助孩子养成习惯，产生"内驱力"。

孩子犯错时得到的如果是鼓励和肯定，孩子就会继续尝试而进入下一个步骤，最终形成习惯；如果得到的是批评和指责，孩子可能会逃避尝试而终止成长，无法形成习惯。这个过程中需要父母足够的耐心和鼓励，让孩子勇于尝试、敢于犯错、乐于改正。

二、成败效应：决定时间表的有效性（孩子不执行时间表怎么办）

很多父母都给孩子制定过"三表"（时间表、星星表、礼物表），刚开始孩子很积极，很有效，过段时间就没那么有效了，有时候孩子甚至不要红星也不做事。无奈之下的父母就放弃了"驱力型"教育，很自然地使用"狼追型"方法——提醒、催促、警告等。其实只要把时间表中的任务、目标分解，帮助孩子获得成功效应、避免失败效应（成败效应），孩子不仅愿意遵守时间表，而且还能提高学习兴趣。

（一）什么是"三表一录"

读过《儿童时间管理训练手册》的父母都知道，"时间表"就是孩子的任务单，即父母希望孩子在每一段时间要完成的任务，包括生活上的任务和学习上的任务。"星星表"就是孩子完成每一个任务所获得的红星，如父母觉得孩子应该 10 分钟完成，而孩子常常要在父母的催促下才能完成，这时候可以设定几个标准，切忌提醒、催促、唠叨等"狼追型"方法。如早晨起床穿衣，10 分钟内 3 颗红星，20 分钟之内 2 颗红星，30 分钟之内 1 颗红星。再如回家写作业，进门 30 分钟内开始写作业 3 颗红星，40 分钟之内 2 颗红星，50 分钟之内 1 颗红星。"礼物表"就是孩子用红星兑换的礼物，一定要提前列出来，并标注兑换的红星数，可以是图书、玩具、学具、电子产品、垃圾食品、游乐场玩、和同学玩、运动、游戏时间、电视时间等一切孩子想要的，礼物多数是孩子想要、父母不想多给的。

孩子按照"时间表"完成任务，根据"星星表"获得红星，兑换"礼物表"得到奖励。"三表"同时实施才能激发"外驱力"，再配合"美言录"，即父母每天一句话，说出孩子做得好的具体行为，确保"外驱力"转化成"内驱力"。

很多父母说孩子刚开始的时候对时间表很有兴趣，很积极挣红星，过段时间就没兴趣了，甚至有时候父母说"这项任务不做，这颗红星就得不到了。"孩子干脆就放弃，说"我不要红星了。"为什么会出现这样的情况呢？

（二）美国心理学家格维尔茨的成败效应

成败效应是指努力后的成功效应和失败效应，是格维尔茨在研究中发现的。实验证明，学生的学习兴趣不仅跟任务是否容易成功完成有关，更重要的是，只有通过自己的努力，克服困难以达到成功的境地，才会使他们获得内心的愉快。

格维尔茨发现，能力较强的学生在解决了一类中一个问题之后，便不愿意再解决另一个相似的问题，却会挑选较为复杂的艰难的问题，借以探索新的解决方法，并对此感到兴趣更浓。这表明，学生的兴趣不仅是来自容易的工作获得成功，而且是要通过自己的努力，克服困难，以达到成功的境地，才会因愿望得到满足而获得内心的愉快。这就是努力后的成功效应。

格维尔茨在研究中还发现，能力较差的学生，如果经过极大的努力却仍然不能成功，失败经验累积的次数过多之后，往往会感到失望灰心，甚至厌弃学习。这就是努力后的失败效应。

（三）最近发展区决定成败效应

从格维尔茨的成败效应我们知道，孩子在学习过程中面对一个任务，如果他多次努力以后达到目标，就发生成功效应，那么他还愿意继续克服困难，愿意继续去解决问题。如果他努力以后总是达不到目标，完成不了任务，这种失败的经验累积多了就形成失败效应。在时间表的实施中，父母会发现孩子对于那些稍微努力就能够达到目标的任务愿意去做，即孩子愿意做轻轻跳一下就能达到的任务；而对于那些努力以后经常无法达到目标，或者需要下很大工夫才能达到目标的任务，如跳 3 下才能够达到目标，或者怎么跳都够不到的任务，就不愿意去做，原因就是前者产生成功效应，后者产生失败效应。

要达到成功效应、避免失败效应，就要了解"最近发展区"。苏联教育家维果茨基的研究表明，教育对儿童的发展能起到主导作用和促进作用，但需要确定儿童发展的两种水平：一种是已经达到的发展水平；另一种是儿童可能达到的发展水平，表现为"儿童还不能独立地完成任务，但在成人的帮助下，在集体活动中，通过模仿却能够完成这些任务"。这两种水平之间的距离就是"最近发展区"。也就是说，最近发展区是儿童在有指导的情况下，借助成人帮助所能达到的解决问题的水平与独自解决问题所达到的水平之间的差异，实际上是两个邻近发展阶段间的过渡阶段。把握"最近发展区"，能加速儿童的发展。

（四）目标符合最近发展区产生成功效应

如果父母给孩子制定的目标符合最近发展区，孩子就容易达到目标，从而产生成功效应；反之，如果目标太高，孩子经常达不到，就会产生失败效应。如孩子现在的能力是 10 分钟写 10 道口算题，其他孩子 5 分钟完成 60 道口算题。如果父母把 60 道题分为 6 组，每组 10 道题，制定的目标是 10 分钟完成 10 道题，1 颗红星；每提前 1 分钟加 1 颗红星，如 9 分钟完成 10 道题，2 颗红星；8 分钟完成 10 道题，3 颗红星，以此类推。孩子稍微努力就能达到目标，这样的目标设定就符合最近发展区，会产生成功效应。如果父母要求孩子像其他人一样 5 分钟完成 60 道题，就违背了最近发展区，会产生失败效应。

再举一个例子来具体说明最近发展区，父母有时候会说，你看人家的孩子半小时就能写完的作业，我家孩子三个小时也写不完，而且还要不断地催促。如果你把孩子的目标定为半个小时，就要加进时间因素，如第一周的目标是两个半小时，第二周是两个小时，第三周是一个半小时，以此类推。经过一段时间以后，半小时的目标就能够达到，这就叫最近发展区目标。也就是父母要把总目标分解，分解到符合孩子目前的一个状况，即最近发展区，孩子稍稍努力就成功了，获得成功效应，孩子就愿意再努力。

如果父母的目标是孩子今天三个小时写完作业，明天就想让他跟大家一样半个小时写完作业，就违背了最近发展区理论。对于孩子来说，这个差距太大了，不是最近发展区，而是一个很大的差距，就会形成失败效应。久而久之，孩子不仅对这件事情没有兴趣，而且会因为失望、因为努力也得不到成功的体验，反而对这项任务变得厌烦了。

我们在训练的时候发现有个孩子，一篇描红作业，三个小时只写了 5 行，其他孩子 15 分钟之内就写完了。原因是他在描红作业过程中，体验的是挫败感，形成失败效应，即他对这件事情已经到了厌恶、厌学的程度。

对于这个孩子，我们设定的目标是把一篇描红分成 4 个任务，每个任务 3 行字，让孩子先完成 3 行，获得 3 颗红星，孩子容易达到目标、体验成功，即帮助孩子体验到内心的愉悦和满足，他才愿意进一步克服困难、完成任务。

在时间表中，如果父母给孩子设定的某项任务，孩子宁肯不要红星也不做这件事，或者某项任务连续 3 天都没有得到红星，首先就要考虑父母设定的这项任务是否违背了最近发展区理论，然后就要把这项任务分解，如分解成两个任务，先完成一半，再完成一半；如果孩子还不愿意，就要再拆分，如先完成四分之一，类似前面描红的例子。

我们曾经训练过一个孩子，他的注意力只有 1 分钟，他写作业 1 分钟后就不专注了。我们设定的目标是第一周每天加 1 分钟，第二周每天加 2 分钟，第三周每天加 3 分钟，以此类推，一段时间以后，他就能专注 40 分钟了，这样制定时间表的目的在于符合最近发展区理论，让孩子产生成功效应。

所以，父母要放弃"狼追型"，采用"驱力型"教育，然后帮助孩子制定"三表一录"来具体实施。实施的过程中，如果孩子通过努力而成功，他就愿意遵守时间表，产生成功效应，持之以恒，就会把外驱力转化成内驱力；如果孩子努力之后却失败了，他就不愿意执行时间表中的任务，产生失败效应。

三、焦虑曲线：影响目标的合情合理性
（孩子总是达不到目标怎么办）

晚上九点半了，有个妈妈跟我联系，又气又急，说他的孩子到现在都没有写完作业，作业也不多，顶多半小时的作业，现在三个多小时了，孩子磨磨蹭蹭，根本就不想写，妈妈一再催促，甚至动手打了孩子。

父母常常不理解，为什么半小时的作业，孩子要写三四个小时？为什么孩子写作业总是磨蹭拖拉、不催不动？为什么几分钟的起床穿衣，孩子需要半小时在催促下才能完成？……在回答这些问题之前，先来了解一个概念，即"耶克斯 - 多德森定律"，简称"焦虑曲线"。

（一）什么是焦虑曲线

美国心理学家耶克斯和多德森研究证实，动机强度（焦虑水平）与工作效率（绩效）之间不是线性关系，而是呈倒 U 形的线性关系（见图 1-3）。具体是：动机处于适宜强度时，工作效率最佳；动机强度过低时，缺乏参与活动的积极性，工作效率不可能提高；动机强度超过顶峰时，工作效率会随强度增加而不断下降，因为过强的动机会使机体处于过度焦虑和紧张的心理状态，干扰记忆、思维等心理过程的正常活动。

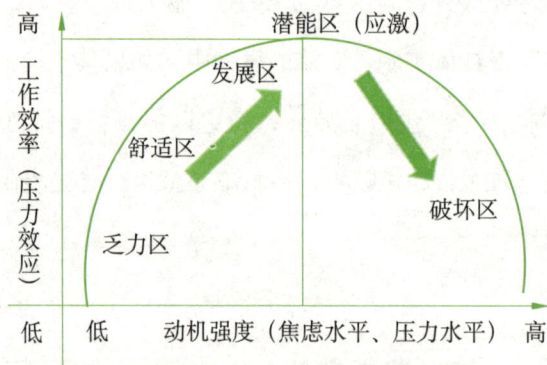

图 1-3　耶克斯 - 多德森定律（焦虑曲线）

（二）压力效应的变化：从乏力区到破坏区

焦虑曲线反映了一个人承受的压力与压力效应之间的规律性关系，呈现出乏力区、舒适区、发展区、潜能区、破坏区。一般来说，压力会带来心理焦虑。随着压力的变化，人们的心理焦虑程度也会发生变化，而心理焦虑程度的提高，在前四个区内都呈现出人们行动力的增强，产生压力效应，绩效提高。但到了破坏区后，压力效应反而迅速减低，工作效率低。这就是说，在不同区域内所产生的压力效应是不同的。

在乏力区，压力效应很小，没有压力可言，因此，总处于一种乏力状态，绩效低。在舒适区，压力效应虽有，但不太明显，因为在该区内，人们感到很舒适，"站着就能摘到果实"，因此，也不需要花费很大的力气，只是一般应付即可。在发展区，压力效应强度增大，因为进入发展区压力便增大，为了减轻压力，回到舒适区，人们便做出了各种努力，从而产生了"跳一跳摘到果实"的高绩效。可见，在发展区人们如果要想产生高绩效就必须付出努力。在潜能区，绩效达到了极致水平，是一种超能力的发挥。因为，在常规情况下，人们遇到的这一区域的压力是无法应付的。怎么办？此时，便动用了潜意识中的潜能，以致产生"应激性"的压力效应。按照美国知名学者奥图博士以及世界著名潜能大师伯恩·催西等人的研究，其效应比平常高达三万倍以上。

可见，在潜能区人们欲要产生压力效应就必须做出超常的努力。在破坏区，压力效应迅速降低，以致趋于零效应，甚至负效应。这就是说，在这一区域，人们面对强大的压力已无能为力，十分沮丧，在行为上表现出放弃、倒退的行为，有时还会出现精神崩溃、心理受挫、行为失常等变态现象。

（三）目标要在舒适区和发展区之间才有效

焦虑曲线表明，如果孩子的心理压力在中等焦虑水平之前，即从乏力区到潜能区之间，父母的提醒、催促会加大孩子的紧张程度，孩子的工作效率是越来越高的。但是超过中等水平，孩子立即进入破坏区，工作效率迅速下降，甚至是负的。

如一晚上没写完作业的孩子，刚开始妈妈提醒、催促了几次，孩子不情愿地去写作业；妈妈觉得孩子作业写得很乱，要求重写；孩子更不愿意了，开始磨蹭、小动作不断，这个过程中，孩子的压力持续增大，经历了乏力区、舒适区、发展区等，孩子虽然不情愿，但是比较合作。直到妈妈生气发脾气，批评、责罚孩子，就进入破坏区，产生零效应、负效应，孩子完全不写了。半小时的作业，三个多小时也没写完，妈妈很苦恼，为什么孩子是这种状态，怎样改变这种状态？

首先要确定任务难度，即帮助孩子制定合情合理的学习难度和目标，让孩子愿意从舒适区到发展区完成任务，因为这样才符合最近发展区理论，产生成功效应。如妈妈认为孩子应该半小时完成作业，而且字迹工整，这个目标看似合理，却不合情，因为对于这个孩子来说目标太高，产生的压力过大，进入破坏区。这个孩子的舒适区是两个小时完成、字迹工整。因此妈妈要把目标分解，或者把工作难度降低，细化星星表，从孩子的舒适区开始。如两个小时完成、字迹工整，1颗红星；每提前10分钟加1颗红星，以此类推（温馨提示：每项最多5颗星）。按照这样的训练，第一周孩子可能一个半小时完成，即发展区是一个半小时；第二周可能一个小时完成；第三周可能半个小时完成。这个过程中，孩子每天都能得到红星，而且跳一跳进入最近发展区，就能得到更多红星，甚至是惊喜（孩子可能第二天15分钟就完成了，获得了5颗星，从两个小时到15分钟是跳跃性的进步，不符合"试误说"，因为这可能是孩子在潜能区完成的，不要因此就认为这是常态，并以此为标准要求孩子，导致孩子再次倒退到破坏区）。

父母根据焦虑曲线的规律，要把孩子的任务和目标定位在舒适区和潜能区之间，舒适区、发展区、潜能区的任务要按照三分之一法则（见《儿童时间管理训练手册》第101页）来制定，大致对应简单任务、中等任务、复杂任务。给孩子制定星星表时要考虑任务难度，如果任务是孩子在舒适区就能完成的，通常给 1 颗红星；如果工作难度是发展区的，给 1~3 颗红星；如果任务难度是在发展区到潜能区之间的，给 3~5 颗红星。也就是说，任务难度越大，那么你给孩子的外驱力就越大，目的在于激发他内在的动机强度。

（四）举例说明目标分解

以下是一位妈妈制定的星星表，很有创意，完美地诠释了"目标分解"，她把孩子早上的活动具化为起床、穿衣、洗漱、早饭、出门等五个环节，每一个环节再目标分解、细化标准，符合孩子的舒适区到潜能区，可操作、可衡量，孩子每天、每一项都能得到红星，孩子做到的就是"最近发展区"，即家长负责目标分解、不同的标准给予的红星数目不同、用红星的多少激发孩子努力，孩子得到的红星数就是目前的能力所及，这才符合"驱力型"教育。

（1）起床。①叫三次、5 分钟内离开床；②自定闹钟、5 分钟内离开床；③自定闹钟、按时离开床；④自定闹钟、提前离开床；⑤自定闹钟、提前离开床、听英语，分别得到 1~5 颗星。

（2）穿衣。①自己穿；②自己准备衣服、自己穿；③自己准备衣服、自己穿、整理睡衣；④头一天将所有衣物准备好、自己穿、整理睡衣；⑤头一天将所有衣物准备好、自己穿、衣着整齐、整理睡衣，分别得到 1~5 颗星。

（3）洗漱 10 分钟内完成。①经提醒完成；②无须提醒、起床 10 分钟内开始、按时完成；③无须提醒、起床 10 分钟内开始、按时完成、收拾用品；④无须提醒、按时独立完成、收拾物品；⑤无须提醒、按时独立完成（用香皂洗脸、耳、脖子，刷牙 3 分钟）、收拾物品，分别获得 1~5 颗星。

（4）早饭 15 分钟内完成。①被通知后自己吃饭；②饭好后自己主动来吃饭、细嚼慢咽；③帮忙摆碗筷、细嚼慢咽、每样都吃（不挑食）；④帮忙摆放碗筷、细嚼慢咽、每样都吃、吃干净、一直坐在椅子上（不挑食、不浪费、不走动）；⑤帮忙摆放碗筷、细嚼慢咽、每样都吃、吃干净、一直坐在椅子上、饭后帮忙收拾碗筷，分别获得1~5颗星。

（5）出门。①被提醒、穿好衣服、按时出门；②自主穿衣、自背书包、按时出门；③自主穿衣、自背书包、提前出门；④自主穿衣、自背书包、提前出门、临走道别；⑤自主穿衣、自背书包、穿戴整齐、提前出门、临走道别、按时到校，分别获得1~5颗星。

（五）红星数目多少合适

本书和《儿童时间管理训练手册》中的红星数目仅供参考，父母可以根据自己孩子的实际情况灵活约定。

每项任务红星数要约定上限，如简单任务的红星上限是1颗、中等任务3颗、复杂任务5颗，否则就失去了红星的激励意义。如有的孩子上课不举手，父母为了激发孩子积极举手回答问题，星星表就规定孩子举手一次给1颗红星，第一天孩子说举手3次，得到3颗红星；第二天说举手10次，得到10颗红星；第三天说举手50次，父母有点不相信了，但是也没有办法，只能兑现承诺（见第33页的"孩子不会听课怎么办：举手123"）。还有一个孩子写字很慢，一页描红写了四个小时，妈妈说提前1分钟给1颗红星，结果孩子15分钟就写完了，这一项作业就要给孩子200多颗红星，妈妈不想说话不算话，也只能给孩子红星了。

建议父母给孩子增加一项新的任务时，父母提前和孩子说明"先试行一次/天/周"，再根据实际情况调整，这样就能避免任务太难、孩子宁肯不要红星也不做，或者任务太简单、孩子因轻而易举得到太多红星而失去激励作用。

制定"三表"的目的在于激发孩子内在的动机强度，帮助孩子从舒适区到发展区，也就是说，从已经达到的水平（已知）到可能达到的水平（未知）。最近发展区的任务经过不断地重复练习，就变成了舒适区的任务，也就是从未知到已知。孩子原来发展区的任务，现在对他来说是舒适区的任务，即孩子的能力提高了，此时就会产生新的发展区的任务，出现新的焦虑曲线，一段时间以后，新的舒适区任务高于原来潜能区的任务，说明孩子成长了。

四、超限效应：阻碍孩子做事的绩效性（孩子做事绩效低怎么办）

通过《儿童时间管理训练手册》，父母采用驱力型方法帮助孩子制定"三表"（时间表、星星表、礼物表），刚开始实施时间表时，有些项目孩子可能不想做或完不成，不要或得不到红星，说明任务或目标要分解，分解到舒适区和发展区之间，并符合最近发展区理论，让孩子产生成功效应，避免因落入破坏区而产生失败效应。

当"三表"总的任务或目标合情合理以后，孩子从原来磨蹭、不愿意写作业、不愿意做事，转变为愿意做事，而且比原来做得快，原来几个小时的作业现在可能一个小时就写完了。接下来父母就面临着一个新的问题，如孩子原来写作业需要三四个小时，实施有效的"三表"以后，写作业速度大大提高，当他高高兴兴地说："妈妈，我今天一个小时就写完作业了，我能玩了吗？"妈妈也很高兴，然后看着孩子的作业本，皱着眉头说："是挺快的，可是这行太乱了，龙飞凤舞的，还有这个字错了，把这行重写一遍，再把错的改过来，就可以玩了。"孩子低着头，无精打采地回到书桌旁，不情愿地重写、改错。再拿给妈妈检查的时候，妈妈指出有几个字还需要重写，孩子就更不高兴了，东张西望、玩笔、发呆，妈妈不断地提醒他快点，改完就能玩了，妈妈认为 10 分钟就能改完的作业，孩子耗了两个小时，最终也没玩成。

可以想象，第二天，孩子不再快速完成作业了。因为父母忽视了孩子的努力和付出——写得快，只看到孩子做得不够好的地方，反复提醒、唠叨等，引起超限效应，导致孩子厌烦、逆反、生气、发脾气等，严重打击了孩子的积极性，孩子直接进入破坏区，工作效率更低，甚至干脆放弃！

（一）什么是超限效应

超限效应是指刺激过多、过强或作用时间过久，从而引起心理极不耐烦或逆反的心理现象。美国幽默大师、小说家、作家马克·吐温听牧师演讲时，最初感觉牧师讲得好，打算捐款；10 分钟后，牧师还没讲完，他不耐烦了，决定只捐些零钱；又过了 10 分钟，牧师还没有讲完，他决定不捐了。在牧师终于结束演讲开始募捐时，过于气愤的马克·吐温不仅分文未捐，还从盘子里拿走了 2 元钱。

当孩子写作业或者做事情的时候，如果父母不断地提醒、催促、唠叨、批评、指责，就会产生超限效应。父母说一遍孩子就明白了，如果孩子不听，不是他不懂道理，而是他不想做，因此父母要想办法激发孩子"想"做事的动力；可以通过调整"三表"来调动孩子的积极性。如果父母不断地说，两遍、三遍……就会发生超限效应，引起孩子的不耐烦，甚至逆反。

（二）超限效应与大脑：干劲藏在旧脑中

超限效应和大脑的工作有关，当父母唠叨、提醒、批评、指责时，孩子的新脑处于兴奋状态，旧脑的记忆力、理解力、创造力、干劲（积极性）都处于抑制状态，就像电脑的死机一样，没有任何效率可言。

大脑的结构非常复杂，为了简化和说明问题，我就把它分成新脑、旧脑、脑干，新脑也称为意识层，统治知能、情绪以及支配，是判断善恶、控制行为、表达知性与理性、传达喜怒哀乐的所在。旧脑是潜意识的基础，是记忆力、理解力、创造力，以及干劲的源泉，也是天生本能的基础，支配食欲、性欲以及团体欲。脑干被称为生命的基础，支配内脏器官，调节身体各部组织。

（三）父母决定孩子的脑功能强大还是软弱

新脑（意识层）和旧脑（潜意识基础）不能够同时活动。假如我们用心去想某个朋友的长相，可能想了好半天还是想不出来，但如果我们不要刻意去想，可能在不知不觉中，朋友的脸马上就会清晰地浮现在眼前。这是因为朋友的面孔早已存在于潜意识里，用心去想，却想不出来，就是因为这种活动破坏了潜意识的反射所致。

孩子如果一天到晚不安、易怒、不信任别人、有警戒心，那么新脑便会过分活跃，以致阻碍了旧脑的发展。因此，孩子的记忆力、理解力、创造力便会减缓，同时，也因而丧失了干劲。

举一个极端的例子来说：当一个人极度恐惧时，即使想逃，却因吓得腿脚发软而一动也不能动。这是因为恐惧感暴涨，抑制了旧脑的活动所产生的情形。在众人面前怯场、说不出话也是同样的情形。

软弱孩子的脑功能：每天被妈妈骂的孩子，会变得恐惧不安，对别人充满了敌意，新脑过分活动，如此一来，便妨碍了旧脑的生长，丧失了创造力以及干劲。由于太过紧张，使血管收缩，血液循环不好。敏感且善于察言观色的孩子，无法集中注意力，一到了该上学的时间，便说肚子痛。现在，我们就可以很轻易地看出孩子产生心病的原因到底在哪里了。

有干劲的孩子的脑功能：有安全感的孩子不会轻易对人产生戒心，旧脑（记忆力、理解力、创造力）各方面的活动都能产生很强的功能，做事也热情有劲，因为他不紧张，血液循环顺畅。他有自主的能力，凡事不需要听从别人的安排，信心满满，做任何事情都能够集中精神，因而可以得到很好的效果。

心理学家将新脑与旧脑的关系比喻为骑士和赛马，新脑是骑士，旧脑是赛马。优秀的骑士骑在强劲的马上，与马合为一体，能充分地发挥潜能。有干劲的孩子往往如此。而软弱孩子的脑部状态如同一个胖得像汽油桶一样的人，骑在骨瘦如柴的马上。可怜的马一路摇摇晃晃，前面矗立着母亲破口大骂的影像。新脑与旧脑的不平衡、骑士和马的内部争执，使孩子因内心的纠结而痛苦万分。

（四）放弃"狼追型"才能发挥旧脑干劲

前文中的孩子认为自己很努力了，做得很快了，父母只看到孩子粗心大意而用"狼追型"的教育，提醒、催促，甚至对孩子吼叫、责骂的时候，就产生了超限效应。孩子虽然坐在课桌前，可是他的新脑非常活跃，旧脑就像电脑死机一样，记忆力、理解力、创造力、干劲、积极性都是罢工的状态。表现在焦虑曲线上，就是在破坏区，压力效应为零，甚至为负，根本没有绩效可言。

如果父母能看到孩子的努力和付出，及时鼓励孩子做得好的行为，如孩子做得快，新脑就会处在一种平静的状态，旧脑负责的记忆力、理解力、创造力、积极性等都处于良好的工作状态，持之以恒就会培养出有干劲的孩子。表现在焦虑曲线上，就是在舒适区至潜能区的部分，产生积极的压力效应，绩效很高。

从新旧脑说、超限效应、成功效应、最近发展区、焦虑曲线等几个心理因素的讨论中，父母就会发现在帮助孩子制定"三表"的时候，出发点是"驱力型"教育，核心是目标管理和压力管理。目标或任务要分解至最近发展区，如孩子作业快、准、快而准（见《儿童时间管理训练手册》第54~115页），这是递增的三个目标，要分阶段逐步完成，确保孩子的压力保持在中等状态，即中等焦虑水平。只有这样才能激发孩子做事的干劲和积极性，确保"三表"的顺利实施。否则就会因为目标过高进入破坏区而产生失败效应，或者因为父母的唠叨、批评、指责而产生超限效应。

五、沟通三部曲：确保孩子情绪稳定性（孩子情绪低落怎么办）

当父母帮助孩子制定行之有效的"三表"后，孩子回家知道要先写作业再玩，可是他可能情绪低落，不想写作业，也许孩子会说："我都累了一天了，又要写作业，烦死了。"或者有的孩子垂头丧气的，一言不发，直接躺在床上不动了。也有的孩子，回家以后就钻到游戏室玩游戏。

传统的方法就是提醒他快点去写作业，或者给他讲道理，说写完作业你就可以玩了。也有的父母直接训斥孩子，把他拎到书桌前。此时孩子不仅情绪更加低落，而且可能生气、发脾气。此时孩子的心理压力（焦虑水平）进入破坏区，绩效降低。如果父母唠叨、批评、指责、讲道理等，孩子的新脑兴奋，旧脑的记忆力、理解力、创造力和积极性受到抑制，引发超限效应。

（一）豆豆情绪低落怎么办

父母首先要把关注点转移到孩子的心理压力，即孩子的情绪上。如有一次，豆豆回家以后神情落寞，坐在那儿不动，以前我就会催他写作业，效果非常不好。学习父母效能后，我换了一种方式说："豆豆，看起来你特别累，还有点烦？"豆豆点点头，没说话。我继续说："豆豆，干点什么能让自己开心起来或者好受一些？"豆豆当时的回答很可爱，也很简单，他说："妈妈，我能吃冰激凌吗？"我爽快地回答："当然可以了。"（豆豆当时比较胖，我一般限制他吃冰激凌。但是和孩子的心理需求相比，身体的肥胖就算不了什么，两害相权取其轻）。豆豆就去吃了一个冰激凌，三五分钟就吃完了，说："妈妈，我去写作业了。"

那天的作业写得又快又好，对我的触动很大。虽然已经是十多年前的事情了，我仍然记忆犹新。从此以后，豆豆培养出了先愉悦自己，再面对困难的习惯，这让他的求学之路充满快乐，也让作为母亲的我尽享育子幸福。

（二）沟通三部曲：接纳、反映、讨论

当孩子情绪低落，尤其在伤心、难过、沮丧、害怕等负向情绪出现的时候，如果父母能够暂时停止对任务的关注，把精力转移到孩子当前的情绪状态上，帮助孩子把情绪调整到中等焦虑水平，孩子才有面对任务的积极性，有能力学习、写作业、阅读、弹琴等。

中文的"事情"和"通情达理"很能说明问题，我们通常忽视了"情"，只关注"事"，因而导致一系列困难和问题。如果父母学会和孩子在"情"的部分多做一些工作，即"共情"，就能和孩子建立良好的亲子关系，这是一切教育的基础。"共情"之后，"共事"就容易了，孩子能更合作、更主动地完成任务，也就是通情才能达理。

"共情"即帮助孩子进行情绪管理。首先，父母的情绪要保持平静，如果父母看到孩子回家以后不写作业先玩，提醒几次孩子都不动，父母感觉生气了，马上要灭火：一离二吸三凉水。然后等情绪平静以后，再来帮助孩子进行情绪管理，即接纳、反映（沟通三部曲：接纳、反映、讨论）。

接纳是一种态度，是一种不带任何价值判断和评价的包容心态。如孩子考试没考好，担心父母骂，非常害怕。父母要忽视考试本身，尤其是成绩多少，把精力全部放到孩子的负向情绪上，关心孩子本人，鼓励孩子说出自己的感觉、情绪和想法。

反映（不同于反应）就是父母把孩子的感觉、情绪和想法用语言描述出来，不带有任何的价值判断和评价，像照镜子一样。如父母可以说："孩子，你这次考试没考好，很难过，而且还担心爸爸妈妈批评你，是吗？"当父母用语言描述孩子的情绪时，要用问句反复向孩子提问和求证，力求找到最恰当的语言，清晰、准确地描述孩子的感觉、情绪和想法，不必一次就说对。

（三）语言与情绪疏导

心理学研究表明，如果一个人能用语言清楚地表达自己的内在情绪，他的神经就会镇定下来。语言对于疏导情绪是非常重要的。我们必须在大脑中找到字眼，来标明我们内在的情绪，使我们混乱的情绪得到清理和疏导。你看到一个孩子，他还没有话语之前，情绪受到挫折时，他会跺脚、撞头。一个成人没有办法处理和疏解自己的情绪时，也有类似的反应。

当父母用语言把孩子的情绪描述出来，不仅会让孩子感觉到被理解，而且还能帮助孩子学会用理性的语言表达感性的情绪。当孩子学会清晰地用话语标明自己的感受，并传递给对方的时候，他就有办法疏导、处理自己的各种情绪与心理需求。

（四）接纳、反映的两个目的

接纳、反映的过程有两个目的：一是帮助孩子用语言标明内在的情绪；二是帮助父母了解孩子的感受和想法。当孩子的负向情绪被父母用语言清晰地反映出来时，孩子的大脑神经得到了镇定，焦虑水平降低，心理压力就从破坏区调整到中等水平，也就是在舒适区和潜能区之间，此时孩子的绩效最高。这个过程父母切忌用自己的想法和价值观判断孩子，不要用"好""坏"等词语评价孩子，只需要不断地描述孩子的感觉，重复接纳、反映的过程，直到孩子的情绪平静下来。

接纳、反映的过程要持续到孩子的情绪舒缓下来，父母要注意观察孩子的状态，当他的脸色变得平静下来，说话的语音语调也慢下来，心跳恢复正常，呼吸平稳了，有的孩子还会长长地舒一口气，表明孩子的情绪平静，可以停止"接纳、反映"了。这个过程可长可短，要依据孩子的反应来决定，也许就像我跟豆豆的沟通，几分钟孩子的情绪就平静了。也许需要半小时，甚至一小时。父母不要认为这太耽误时间，而要坚信磨刀不误砍柴工，只有把孩子的情绪调整到中等焦虑水平，孩子的绩效才最高。

当孩子平静以后，才能进入"讨论"环节，父母要把问题抛给孩子，引发孩子思考，辅助孩子面对和解决问题。如父母说："孩子，下一次怎么能考好呢？现在做点什么才能达到你的期望呢？"耐心引导孩子关注现在的问题和未来的目标，即问题解决六步骤（见第 134 页）。

面对孩子的负向情绪，父母通常惯性地忽视孩子的情绪，直接跟孩子讨论问题，甚至责罚孩子做得不够好。殊不知孩子焦虑水平很高，压力很大，处于破坏区，此时父母的任何建议、指导和讨论都会增大孩子的压力，导致绩效严重下降，甚至为零或为负。只有接纳、反映才能帮助孩子理清自己的感觉和情绪，神经镇定，焦虑水平回复到中等状态，孩子的绩效也才能达到最优。

六、交友管理：影响孩子的社会适应性 （孩子没有朋友怎么办）

很多父母都很苦恼自己的孩子没有朋友，很担心。一般分为以下几种情况。

- 有的孩子下课以后就坐在教室里不出去。
- 有的孩子在操场上孤零零地一个人站着，或者独来独往。
- 有的孩子刚开始跟同伴玩得挺好的，玩一会儿就被别人排斥出去了。
- 有的孩子在操场上跑来跑去的，没有一个固定同伴。

……

（一）孩子交友两种类型、原因及训练策略

可以看出孩子在交友方面大致分为两种：一种是主动型，孩子主动跟别人玩，但是不会玩；另一种就是被动型，孩子不敢跟别人玩。对于这两种类型的孩子，训练的策略和方法完全不同。

对于不敢跟别人玩的孩子，训练的重点在"敢"字上面，就是要增强孩子在交友过程中的自信心。这些孩子内心渴望跟别人玩，但是他们特别害怕被别人拒绝，害怕别人不喜欢自己，不愿意和自己玩，所以宁愿选择独来独往，选择一个人的活动或游戏。

要增强孩子的交友自信心，就要帮助他们分解目标，直至舒适区，符合最近发展区，让孩子稍稍努力就能成功。如豆豆小时候不敢叫人，对于大多数父母来说，让孩子叫人是一件很简单的事情，应该在舒适区。但是对于当时的豆豆，主动叫"叔叔、阿姨"心理压力却很大，焦虑水平高，在破坏区。因此我们要把这个目标分解为几个步骤来完成，从舒适区开始。如带他去李

叔叔家，见面要叫"李叔叔好"，对于这样一个任务，我们先在家里模拟练习，然后从出门的时候开始，一路上反复练习，直到孩子敲李叔叔家的门，看到李叔叔出现，叫一声"李叔叔好"。

孩子不敢做的事，多数是因为紧张、焦虑，心理压力大。紧张提醒我们要事先做好准备，豆豆经过多次这样的练习以后，对他来说很难的一件事情，就变成了一件很简单的事情，形象地说，就是原来需要跳 3 下才能够到的目标，现在跳 1 下就能够到了，孩子的焦虑水平从原来的破坏区回复到舒适区和潜能区之间，产生成功效应。再如打电话，可以先跟孩子在家里模拟练习，一方面熟能生巧，另一方面从心理压力上来缓解孩子的焦虑水平。任务的难易程度要以孩子为准，不要用成人的眼光或者同龄其他孩子的标准来判断。

（二）被动型交友的训练方法

豆豆刚刚上幼儿园的时候，常常一个人坐在那儿，不敢跟小朋友玩。通过目标分解，我们帮助他建立交友自信心，他先交到一个朋友，然后是三五个朋友，等到小学三年级的时候，豆豆几乎和全班同学成为朋友。

方法很简单，关键在于持之以恒。如希望孩子交到一个朋友，就把这个目标分解成不同的任务，从叫人开始，到电话约同学，再到跟同学玩，预计可能会遇到哪些情况，都跟孩子在家里练习。练习的目的是为了降低孩子的心理压力，将其调到中等焦虑水平，交友绩效高。经过五年的练习，随着豆豆交友自信心的提高，豆豆的交友能力得到改善，同时大大提高了他的社会适应能力。

（三）主动型交友的训练方法

对于不会跟别人玩的孩子，训练重点在"会"字，包括提高自控力、交友技巧、情绪管理。如有的孩子想跟别人玩，他就使劲拍人家一巴掌，有的孩子直接就冲过去撞人一下，还有的孩子用一些别人不喜欢的方式，如朝别人吐口水、踢人一下等。要训练孩子控制冲动、延迟满足，即自控力——动手之前先动口，如想跟别人玩，要先问："我可以跟你们一起玩吗？""你们能带我一个吗？"教会孩子等待，并用语言表达自己想和人玩的想法，不要用冲撞、打人、踢人、吐口水等让人讨厌的方式。

（四）少说多做：角色扮演提高孩子交友能力

重要的是要和孩子进行角色扮演，设计多个可能发生的情况，如对方说："可以，咱们一起玩吧。"也可能说："我不愿意带你玩，因为你要赖。"各种情况下孩子如何说、如何做都要练习，多次练习，熟能生巧。父母不要只用语言讲道理，还要用行动来模拟交友的场景。父母设计的脚本越多，练习越多，孩子进步越快。

怎样设计脚本？父母可以先观察孩子跟同伴玩的情况，如孩子在学校里的表现你看不到，可以选择他在小区玩的时候对他进行观察，记录细节，回家后跟孩子进行角色扮演，父母可以扮演其他的小朋友，也可以扮演自己的孩子，角色可以互换，练习的目标要用肯定句表述，如如何与同伴和平共处、如何和小朋友好好玩，不要用否定句，如如何不打人、如何不打架等。父母要多用角色扮演、少用讲道理，用练习或游戏的方式教会孩子怎么玩才能朋友多。

（五）如何提高孩子在学校的交友能力

对于学校发生的情况，父母可以让孩子找出班里受欢迎的几个同学，观察他们有哪些优点，分析大家喜欢他们的原因。记录这些孩子课间的时候和谁玩、玩什么、遇到哪些事情等，回家讲给父母听。如果孩子不愿意和你分享，可以用外驱力的方法，孩子跟你讲一件事情，给孩子加1颗红星。也许孩子就愿意跟你讲，当他不断地用语言描述这些榜样的好行为时，就会受到积极的心理暗示，孩子的行为也会有所改变和触动。

（六）孩子什么都不会玩怎么办

还有的孩子什么游戏都不会玩，连象棋、跳棋、军棋、扑克、飞行棋、五子棋、围棋等都不会玩。同学玩的游戏他都不会，和同伴就没有共同语言和交集，只能自己玩。一方面，父母可以在家里教孩子棋类，和孩子一起玩；另一方面，父母可以让孩子记录同学课间都玩什么游戏、每个游戏怎么玩，如石头剪子布、打鸭子等，回来告诉父母，并教会父母怎么玩，孩子教父母的过程也是一种练习。如果孩子不愿意教，可以先用外驱力的方法，再通过鼓励，用美言录，让孩子产生内在的成就感，持之以恒，外驱力就会转化为内驱力。

（七）孩子耍赖怎么办

孩子玩的时候常常遇到耍赖这个问题，原因是有的孩子只按照自己的想法做事，对别人的行为也按自己的想法去理解，如别人的游戏规则跟自己的不一样，他就很生气，说别人的玩法不对，或者认为别人诚心和他过不去。有的孩子必须赢，输了就说"不算，再玩一次"。几次之后，就没有人愿意跟他玩了。还有的孩子玩的过程中别人不小心碰了他一下，他反手就打回去，认为别人攻击他；或者大声嚷嚷"你怎么回事，为什么要碰我"等。这些孩子都非常自我中心，缺乏换位思考和同理心，情绪波动很大，要重点训练孩子的情绪管理。

（八）情绪稳定的孩子朋友多

豆豆朋友多，也得益于他的情绪稳定。豆豆三年级的时候，有一次跟几个同学玩，其中一个同学就把纸揉成一团塞到另一个同学的脖子里边了，那个同学就急了，气得暴跳如雷，大喊大叫，非要跟这个孩子理论。豆豆说："其实他塞纸团是跟你闹着玩的，别生气了。"但是这个同学说："你当然这么说了，纸团没有塞到你的脖子里。"豆豆说："要不然你就把这个纸团塞我脖子里边吧。"那个同学果然把那纸团狠狠地塞到了豆豆的脖子里。豆豆心平气和地把纸团拿出来，扔到垃圾桶里说："行了，咱们赶快玩吧。"这件事对我影响非常深，我发现情绪稳定的孩子朋友多，因为孩子面对这种冲撞或者别人对他的看似不尊重，甚至是攻击性的行为时，他的解读如果是"其实他是在闹着玩呢"，他的情绪就不会有那么大的起伏，因为他是自己情绪的主人，他的情绪不会被别人所掌控。那么更多的孩子都愿意跟他玩，他的朋友也越来越多了。

（九）学会交朋友，为孩子的幸福保驾护航

无论是不敢和别人玩，还是不会和别人玩的孩子，父母都要少说多做，跟孩子角色扮演，多加练习，把目标分解、任务拆分，让孩子体验交友的乐趣和成功效应。学会交朋友，现在让孩子快乐成长，长大后让孩子更幸福。我们都知道成人以后要完成三种基本的生活任务，即事业、爱情和友谊。事业能够保证孩子的物质生活水平，而爱情和友谊给孩子精神上的保障，让他的生活更幸福。

想起儿子的朋友圈有一张照片，豆豆宿舍门上贴了一张纸，画了一个猪头，上面写了 4 个字，"笨蛋豆豆"，当时看到这个图，我就觉得很可爱，其

下的一句话把我逗乐了，那句话是儿子写的："是谁暗恋我，请给我站出来！"
看完之后我真的特别欣慰。

回想十多年来，在豆豆时间管理、目标管理、绩效管理、情绪管理、交友管理等五大自我管理方面的训练过程中，伴随着豆豆的成长，我也成长了。同时也把这些理念和方法带给更多的家庭，参与这些父母的家庭教育，陪伴这些孩子健康成长，真的是一件很幸福的事情。

第二章

儿童时间管理的具体应用

一、孩子注意力不集中怎么办

孩子注意力不集中，尤其是上课时发呆发愣、接下茬、东张西望、不听课，导致孩子学习效率低，知识掌握不充分，甚至一问三不知，回家后父母还要帮助孩子补习功课、补课堂作业、写家庭作业，孩子不仅没有时间玩，而且耽误睡眠时间，第二天上学无精打采，如此恶性循环、无休无止，父母和孩子身心俱疲。

（一）孩子注意力不集中的原因

首先父母要排除孩子注意力不集中是否存在生理问题，你可以通过观察孩子简单判断，当他看电视、玩游戏，或者做他喜欢的感兴趣的事情的时候，他是否能够专注地保持较长一段时间。如果是的话，就说明他的注意力在生理方面基本没有问题（这只是简单的判断，精准的还需要在专业机构诊断）。

排除生理问题以后，孩子上课注意力不集中有以下几个方面：首先，不同年龄的孩子集中注意力的时间不一样，一、二年级的孩子集中注意力时间在10~15分钟，三、四年级的孩子在15~20分钟，五、六年级的孩子在20~25分钟。其次是自控力，因为一节课40分钟，孩子集中注意力的时间有限，剩下的时间怎么办？如何能够集中注意力，跟着老师的指令、按照老师的要求去做，其实需要孩子的自控力来补充。如一年级孩子，上课想喝水，有的孩子直接拿出水瓶就喝了，而有的孩子可能会忍到下课的时候再喝。再如上课纪律，有的孩子想说话张口就说，而有的孩子会先举手，等老师同意以后再说话。这些孩子在内心告诉自己，我正在上课，我要遵守课堂纪律，眼睛要看着老师，跟着老师的指令，如果有问题要举手，等待老师同意再回答，不能随便离开座位等。这些都是自控力在起作用，即孩子要控制冲动、延迟满足，需要很强的自控能力。

（二）孩子不会听课怎么办：举手123

对于自控力低、经常违反课堂纪律的孩子，如上课东张西望、做小动作、接下茬、离开座位、出怪声等，可以把上课表现列在时间表里，具体的标准是孩子上课举手的次数，如举手1~3次，1颗红星；3~5次，2颗红星；5次以上，3颗红星。不要用老师叫他回答几次问题作为评判标准，因为前者是孩子可以控制的努力和付出，后者不是孩子能掌控的。用这种举手123（1是举手次数，2是具体问题，3是回答问题）方法能够帮助孩子在提高自控力的同时，提高孩子上课集中注意力的能力。

那当孩子说他上课举手了，如举手3次，父母可以继续问孩子这3次老师问的是什么问题，第一天孩子可能没有记住，父母要跟孩子约定："明天你举手的时候，好好记一下老师的问题是什么？每一个问题加1颗红星。"第二天，孩子可能告诉你老师问的一两个问题，如约给孩子加红星。继续问孩子："这个问题应该怎么回答？"如果孩子答对了，再加1颗红星。第三天，孩子回答的问题更多了。以此类推，当孩子回答的问题越来越多的时候，就是他专注听课的时间越来越长，也就是注意力专注时间加长了。

这个方法对那些单纯注意力不集中的孩子效果特别明显，大概一个月左右，孩子上课东张西望、接下茬、做小动作等行为就会减少80%。坚持3~6个月，孩子注意力不集中的问题就可以解决。随着孩子上课专注力的提高，上课效率提高，他对知识有了很好的掌握，不仅能高效完成课堂作业，而且回家写作业的速度和质量也提高了。原来可能两三个小时才能完成的作业，如今不到一小时就完成了。省下来的时间，孩子可以自主安排。

（三）孩子写作业不专注怎么办

孩子在家里写作业注意力不集中怎么办？如孩子写作业定时 40 分钟（因人而异，有的孩子也许定时 30 分钟、20 分钟、10 分钟），在约定的时间里相信孩子做到"三个不"，先送给孩子 3 颗红星：头不抬，手不停，嘴不动。如果有不会的作业，可以标记出来，不要停，继续做，直到定时器响了再休息。

如果孩子违反"三个不"原则，一次记为一个提醒，三个提醒就减去 1 颗红星。这个方法首先要征得孩子的同意，一般来说，因为是额外送给孩子的红星，他通常都会很高兴。然后，当孩子违反"三个不"被父母提醒的时候，他会不高兴，甚至生气、发脾气，此时孩子的情绪管理是关键，父母切忌讲道理，可以"平静坚定"地执行这个约定，同时给孩子以新的希望，把孩子的精力转移到他做得好的行为，直接给孩子红星。如"孩子，你这么快就情绪稳定了，妈妈要给你加 1 颗红星。""孩子，你都没受到妈妈的干扰，太专注了，妈妈要给你加 1 颗红星。""孩子，你能用语言说出自己的想法，太赞了！必须加 1 颗红星。"

通过 3 次提醒减 1 颗红星（小惩罚）、1 个好行为给 1 颗红星（大奖励）的方式，让孩子更关注自己的努力和积极的行为，情绪也会比较稳定，做事效率高。这种方法的原则是不要把红星全部减完，至少要给孩子留 1 颗红星，如果能加几颗红星效果更佳。

孩子注意力不集中，通常指的是孩子在学习、写作业的时候注意力不集中。对于那些孩子发自内心不想做的事情，父母可以把它们列在时间表里，在家里用"三个不"，在学校用举手 123 的方法提高孩子的自控力，从而提高孩子的注意力和上课效率。

总之，父母在面对孩子注意力不集中的时候，首先要排除生理问题，然后着重训练孩子的自控力，因为很多表面看是孩子的注意力出现问题，实则是孩子的自控力不足。如果不确定孩子的注意力是否有生理问题，可以去专业机构排查，不要随意说孩子注意力有问题，更不要直接给孩子贴标签，这些都不利于孩子的成长。

二、孩子一写作业就坐立不安怎么办

经常有父母问："我的孩子一写作业就坐立不安，一会儿小便，一会儿吃零食，要不就是咬铅笔、啃橡皮，一小时的作业能耗三四个小时，好像作业是给父母写的，头疼死了！怎么办？"

（一）解析：孩子一写作业就坐立不安

父母说得对，孩子确实觉得作业就是给父母写的，没有几个孩子认为作业是给自己写的，更不用说要为作业负责任。我曾经在一个小学门口听见两个孩子的对话，一个孩子说："我的作业写完了，你呢？"另一个孩子说："我没写完，我留了一项作业，回家要慢慢写，要不然我妈又得给我留奥数题，太难了，我可不想做。"

这段对话表明了很多孩子的心声，尽管父母都说："快点，写完作业就能玩了。"但是实践出真知，在他们的经验里，作业总是写不完，即使偶尔写完了，父母也会说不认真，要求擦了重写或者改错，就是没有玩的时间。确实，很多父母说孩子磨蹭的时候，都说："其实作业不多，如果孩子不磨蹭，很快就完成了，就能玩了。"当我问父母，孩子一个月里真的写完作业并且能玩的有几天？父母常常说："没几天，因为他们磨蹭。"到底是孩子磨蹭导致没时间玩？还是孩子没时间玩导致磨蹭？这似乎是鸡生蛋、蛋生鸡的问题，实则不然。

　　试想，如果孩子在晚上 7 点之前写完学校作业，而且整齐准确。父母常常要给他留课外作业、复习、练琴等，直至最后该睡觉了。在父母眼中，孩子无所事事地晃来晃去两个小时，就是浪费时间，一定要给他安排一些"有意义"的事情，能者多劳。这样的话，孩子为了不"多劳"就变得"无能"了，磨蹭拖拉、坐立不安，学校作业总是写不完，课外作业、练习、复习、练琴等就没有时间了。

（二）时间表：任务 ABC（吃好、睡好、玩好，才能学好）

　　对于写得慢的孩子，要想让他快点写完作业，一定要让他觉得快的值得，即快点完成作业，把省出来的时间用来自由地玩，即"搞定一切还能玩"。这就是《儿童时间管理训练手册》的核心，时间管理的目标并不是为了做更多的事，而是为了搞定一切还有玩的时间。具体就是通过"三表一录"来实施的。

　　首先是"搞定一切"，即任务单，通过时间表让孩子看到需要搞定的一切都是什么，列在这张表里。孩子就会清晰了解自己要做什么，包括早晨起床洗漱、吃饭、回家写作业、晚上睡觉、学校表现等，父母每天通过提醒、催促、警告这种"狼追型"方法让孩子做的这些事情，都列在这个时间表里，形成一个任务单。

　　任务单要符合"时间管理 ABC 法则"（见《儿童时间管理训练手册》第49 页），孩子的任务按照轻重缓急分成三种：A 类任务是孩子必须完成的，包括吃好、睡好、玩好、学好。吃好，多数父母都能做到让孩子的饮食营养均衡。睡好，就是孩子要有充分的睡眠时间，小学生通常要保证 10 小时睡眠；当然也有个体差异，每个孩子具体需要多少睡眠时间，以周末早上孩子自然醒的时间为参考，或者孩子早上轻松起床为准；有的父母因为孩子作业没写完，延迟睡觉时间，导致孩子第二天早上起不来、白天上课没精神，听课效率降低，得不偿失。玩好，就是孩子要有自主时间（见《儿童时间管理训练手册》第37页），在睡觉之前可以自主支配的时间，这个时间孩子可以做任何对自己没有危险、对他人没有影响的事情，他可以看书、玩游戏（规则见《儿童时间管理训练手册》第68页）、看电视，甚至发呆、发愣、躺着等，父母无权干涉。完成以上吃好、睡好、玩好三项基本任务以后，才可能学好，即完成学校作业，这些作业是第二天要交给老师批改的。B类任务，包括适当运动、交友等。C类任务才是课外作业、练琴等。

（三）快的值得：作业没写完也能玩

首先要完成A类任务，尤其重要的是"玩好"，这个常常被父母忽视，认为浪费时间，实则不然。如果孩子放学回家就开始一项一项完成时间表的任务，做完之后就该睡觉了，孩子觉得没有必要快，从内心就没有快的动力，行动上就表现为坐立不安。孩子的语言是游戏，对于孩子而言，自主时间犹如空气和水，没有自主时间，就谈不上时间管理。所谓"快的值得"，就是快点完成任务的目的是有玩的时间。低年级孩子周一到周五每天至少有一个小时的自主时间，周末至少有一整天或两个半天。高年级孩子可以适当减少，每天不少于半小时，周末不少于半天。自主时间最好安排在睡觉前，即完成所有的任务，包括洗漱、洗澡等都完成以后，再享受自主时间。

有的父母会问：孩子学校作业没写完，也能有自主时间吗？回答是肯定的。不仅要有自主时间，而且要按时睡觉，不能因为写作业而耽误睡觉时间，除非孩子第二天睡到自然醒，晚去学校或者请假一天。因为写作业属于"学好"，而自主时间属于"玩好"，按时睡觉属于"睡好"，"睡好"和"玩好"

在"学好"之前，这个顺序不能变，否则本末倒置。至于父母担心的其他问题，如孩子作业写不完老师批评怎么办、孩子养成偷懒的习惯怎么办等，不是靠晚睡、不玩就能解决的，其中涉及很多方面的知识，需要父母系统学习本书的内容。

在保证充足睡眠、自主时间的前提下完成 A 类任务，如果还有时间，就可以依次完成 B 类任务、C 类任务。否则，就不考虑 B 类和 C 类任务。一定要保留自主时间，这是孩子快速完成任务的前提。没有自主时间的时间表是无效的。

（四）准的值得：细化星星表

有效的时间表激发孩子快速做事，同时孩子每完成一项任务就有相应的红星，形成星星表，这是一个绩效考核表。当孩子做事快了以后，可能会产生另一个问题，即做事的质量降低，如字迹潦草、错误率高等。通过细化星星表来提高孩子做事的质量，如要提高孩子口算的正确率，如果孩子 10 分钟轻松做完 1 颗红星，正确率 80% 以上 2 颗红星，90% 以上 3 颗红星，95% 以上 4 颗红星，100% 正确 5 颗红星。再如要提高孩子写字质量，可以 3 个漂亮字（具体多少字因人而异）1 颗红星，每天此项作业最多累计至 5 颗红星（我曾经训练的孩子，非常不愿意写字，妈妈说 3 个漂亮字 1 颗红星，结果孩子写了一晚上，得了几千颗红星，妈妈又反悔了，为了避免这种情况的出现，可以约定每项作业的红星数目上限，如 5 颗红星），父母可以根据孩子写字的多少规定多少个字给 1 颗红星。也可以用漂亮字的百分比给红星，具体参考口算的红星标准。

红星数和任务的难易程度有关，即目标既要合理，还要合情。一般来说，舒适区的任务孩子 80% 的时间都能完成，1 颗红星；舒适区到潜能区的任务

20%的时间都能完成，其中舒适区到发展区的任务1~3颗红星，发展区到潜能区的任务3~5颗红星。如有的孩子描红一页平均需要30分钟，这就是他的舒适区，1颗红星；有时候他也可能25分钟完成，这就是他的发展区，2颗红星；偶尔20分钟写完，可能是在潜能区完成的，3颗红星。另一个孩子的舒适区是20分钟，1颗红星；发展区是15分钟，2颗红星。后者在舒适区完成的任务，前者在潜能区才能完成，同样是20分钟完成同样的任务，两个孩子付出的努力不同，后者付出的努力少于前者，因此得到的红星数不同。这说明红星多少是根据孩子的付出给出的，标准因人而异，不是按照完成任务的绝对时间，而是按照孩子完成任务的相对难易程度制定的，即孩子是在舒适区、发展区、潜能区等哪一个区完成的任务给出的。父母不要吝于给孩子红星，更不要斤斤计较，当父母和孩子对于红星标准有歧义的时候，建议尊重孩子的建议，或者这一次按照孩子的提议，试行一周，再讨论调整，因为星星表的目的在于调动孩子的积极性和主动性，让他们觉得"准的值得"，父母可以用礼物表来平衡星星表。

（五）礼物表：异彩纷呈的礼物调动孩子的积极性

孩子通过自己的努力完成时间表的任务（工作），根据星星表挣到红星（工资），红星可以换礼物，事先列出孩子可能兑换的礼物，要丰富多彩，激发孩子挣红星的积极性，并制定兑换标准，形成礼物表（消费）。礼物表因人而异，每个孩子都不一样，分为小礼物、中礼物、大礼物，通常是孩子想要、父母不情愿充分满足的。小礼物可以是小贴画、小玩具、公园玩、非必需文具、看电影、垃圾食品、游戏时间、电视时间等；中礼物可以是大型玩具、游乐场、郊游、去同学家玩，或者邀请同学来家里玩等；大礼物可以是电子产品、旅游、自行车、平衡车等。

兑换标准因人而异，父母大致估算孩子每天、每周得到多少红星，再制定兑换标准，用来平衡红星数。如孩子每周可以得到 50 颗红星，约定 10 颗红星换一份薯条、20 颗红星可以换一个炸鸡腿（或一份鸡翅）、30 颗红星吃一顿麦当劳或肯德基（数字仅供参考，可以加减），每周只能换一次垃圾食品。再如 1 颗红星可以换 1 分钟玩游戏或看电视（规则见《儿童时间管理训练手册》第 68 页），每天可以换 30 分钟（或更少）。

小礼物可以天天换，最多不超过一周要换一次。兑换过小礼物的红星可以累计换中礼物，一般 1~3 个月换一次中礼物。这些兑换过小礼物、中礼物的红星还可以继续累计换大礼物，一般 3~12 个月换一次。有些需要父母参与的，如出国旅游，需要父母有时间，不是红星数目够了，就必须换的。

（六）"三表"同时发挥作用才能激发孩子的"外驱力"

对于孩子来说，时间表是他的工作，星星表是他的工资，礼物表是他的消费。这"三表"要一起执行，才能完成从"狼追型"到"驱力型"的转换，孩子才愿意努力和付出，为获得更多的红星而主动做事，从外控变成内控（自控），孩子的成长进入良性循环。

帮助孩子制定"三表"以后，先试行一周，跟孩子约定可以随时调整。同时，父母要坚持"美言录"，每天一句话，告诉孩子在哪件事情上做得好，一定要说细节，如"孩子今天主动写作业""孩子今天帮忙倒水""孩子今天主动帮忙拿碗筷"等，除了语言上的肯定以外，还可以额外加红星。同时父母也可以把"美言录"写在专门的本子上，对于孩子来说他可以不断地翻看，这是父母对他的肯定，孩子从中可以体验成就感。当"美言录"持之以恒地坚持六个月以后，孩子可能不再为了红星做事，完成从自控（内控）到自律的过程，即"外驱力"就会转换成"内驱力"。因为受到鼓励的孩子自觉把学习当成自己的事情，体验到学习的乐趣，当他的行为多次重复就成为习惯。这个过程切忌"狼追型"方法，即父母每次的提醒、催促、警告、唠叨、批评、责罚等"狼追型"都会延迟孩子习惯的养成，就要在六个月的基础上累加时间。

"三表"执行过程中会遇到很多问题，父母不要消极地放弃，而要积极地调整，至少30天才能形成适合孩子的"三表"。这个过程就是犯错误的过程，无论父母还是孩子，只要错误递减就是进步。父母不要单凭自己的想法制定"三表"，也不要期望一次就能制定出合适的"三表"，而要从孩子的心理特点出发，在"驱力型"教育指导下，找到孩子的舒适区和发展区，制定符合最近发展区的一系列、分梯次目标，让孩子稍微努力就能成功，体验成就感，产生成功效应。同时坚持"美言录"，帮助孩子从"外驱力"向"内驱力"转化。

三、孩子一学习就无精打采怎么办

很多父母说孩子玩的时候生龙活虎、活蹦乱跳，好像有使不完的劲。可是一坐到书桌前，一提学习就无精打采、蔫头耷脑、眼神暗淡、哈欠连天，然后是一系列的慢动作，打开书包、拿出书本和文具，磨蹭拖拉、注意力不集中、粗心大意，不仅像蜗牛般慢吞吞，而且极其痛苦和抵触，仿佛世界末日来临了。请注意：孩子表现得懒散懈怠，表明他的心灵已经受伤了！如果继续用提醒、催促、警告等"狼追型"方法督促孩子写作业，不仅没有效率，而且会出现心理问题。

（一）什么是心灵受伤

让我们通过一个小故事来了解什么是心灵受伤。日本小提琴教育家铃木镇一在跟孩子的沟通中发现，孩子小的时候在学说话、学走路那个阶段进步特别大，因为在那个阶段父母都是用欣赏的眼光看到孩子的优点，不断地鼓励孩子，即使孩子出现错误，父母也会理解孩子。如孩子说话晚或者说错了，父母会说"贵人语迟"；当孩子走路摔倒了，父母会鼓励他站起来，往前走。因此孩子在这个阶段进步非常大，他把这种方法应用到孩子的小提琴教育中，每年都能培养 700 多位小提琴神童，在日本也是家喻户晓。

有一天一位妈妈来找铃木，说："我的孩子学小提琴好几年了，没有什么进步，如果您能够把我的孩子教出来，我就服您。"铃木来到这个孩子的家，看到一个五六岁的孩子，他就让这个孩子拉一段曲子。孩子一看到铃木大师来了，特别紧张，拉出来的曲子吱吱呀呀的，非常难听。铃木说："你怎么拉得这么动听呀，你能不能再拉一曲给我听听？"小孩眼睛一亮，又接着拉了第二首曲子，这一首拉得比上一首曲子好了很多，但也不是很好，妈妈很不满意。铃木却说："你简直就是个小提琴的天才。"妈妈在把铃木送走的时候，很严肃地对他说："铃木先生，您怎么能在孩子面前说假话呢，我的孩子拉得明明不好，您却那么夸张地说他拉得动听，说他拉得好，还说他是小提琴天才。"铃木很郑重地跟这位妈妈说："你知道你的孩子的心灵受伤了吗？我正在医治他的心灵，你有没有看到我第一次夸他的时候，他的眼光亮起来了，说明他的心灵已经受到了震动。"从此以后，铃木开始指导这个孩子，几年以后这个孩子就举办了小提琴独奏音乐会。

（二）习得性无助：心灵受伤的原因

心灵受伤的孩子眼神暗淡、消极被动，类似心理学的"习得性无助"，指有机体经历了某种学习后，在情感、认知和行为上表现出消极的特殊的心理状态。它是怎么形成的？以下通过电狗实验来说明：

美国心理学家塞利格曼在 1967 年研究动物时发现，起初他把狗关在笼子里，只要蜂音器一响，就给狗施加难以忍受的电击。狗关在笼子里逃避不了电击，于是在笼子里狂奔，惊恐哀叫。多次实验后，蜂音器一响，狗就趴在地上，惊恐哀叫，也不狂奔。后来实验者在电击前，把笼门打开，此时狗不但不逃，而是不等电击出现，就倒地呻吟和颤抖。它本来可以主动逃避，却绝望地等待痛苦的来临，这就是习得性无助。为什么它们会这样，连"狂奔，惊恐哀叫"这些本能都没有了呢？因为它们已经知道，那些是无用的。这项研究显示，反复对动物施以无可逃避的强烈电击会造成无助和绝望情绪。

1975 年塞利格曼用人当被试，结果使人也产生了习得性无助。实验是在大学生身上进行的，他们把学生分为三组：让第一组学生听一种噪声，这组学生无论如何也不能使噪声停止。第二组学生也听这种噪声，不过他们通过努力可以使噪声停止。第三组是对照，不给被试听噪声。当被试在各自的条件下进行一段实验之后，即令被试进行另外一种实验：实验装置是一只"手指穿梭箱"，当被试把手指放在穿梭箱的一侧时，就会听到一种强烈的噪声，放在另一侧时，就听不到这种噪声。实验结果表明，在原来的实验中，能通过努力使噪声停止的被试，以及未听噪声的对照组被试，他们在"穿梭箱"的实验中，学会了把手指移到箱子的另一边，使噪声停止，而第二组被试，也就是说，在原来的实验中无论怎样努力都不能使噪声停止的被试，他们的手指仍然停留在原处，听任刺耳的噪声响下去，却不把手指移到箱子的另一边。为了证明"习得性无助"对以后的学习有消极影响，塞利格曼又做了另外一项实验：他要求学生把下列的字母排列成字，如 ISOEN、DERRO，可以排成 NOISE 和 ORDER。实验结果表明，原来实验中产生了无助感的被试，很难完成这一任务。

大量实验证明，如果学生怎么努力都无法成功的话，就会形成习得性无助。习得性无助学生形成了自我无能的策略，最终导致他们努力避免失败。他们认为目标无法实现，他们拖延作业，或只完成不费力气的任务。他们沮丧，并以愤怒的形式表现出来。美国国家阅读委员会的报告描述这类学生是"懒散、怠慢，有时是破坏性的。他们不完成作业。他们面临困难的作业很快就放弃。他们在要求大声阅读、测验时变得焦虑"。

（三）心灵受伤的孩子必须用放大镜找优点

孩子一学习就无精打采，就是因为他在学习这件事上总是挫败，父母不断地提醒、催促、警告孩子，孩子感觉怎么努力都没有办法达到父母的期望，总被父母说做得不够好。这种习得性的无助就使他的心灵受伤了，表现出来的就是磨蹭拖拉、懒惰等，专挑简单的任务做，稍微难一点的任务就放弃了。

对于这样的孩子，父母要暂时把作业的事情放下，先要医治孩子的心灵，就像铃木先生一样，用放大镜找到孩子身上的优点，非常夸张地鼓励孩子，让他的眼神亮起来。如有个孩子描红一页 4 个小时都写不完，首先目标分解，一行一行写，然后我跟他说："明明，你看这一行字，老师一转眼你就能写完了。"然后我就把头转过去，偷瞄他写字，等他把这一行写完了，我夸张地说："哇，我一转眼你就写完了，神速啊！"我这"一转眼"就是 10 分钟。孩子眼光发亮，特别得意地跟其他的同学说："我写得可快了，老师一转眼我就写完了。"后面的几行字我的"一转眼"时间越来越短了。这种夸张的鼓励，实际上是在医治孩子的心灵，帮助他从习得性无助中看到希望，获得动力。

孩子的心灵受伤时，切忌提醒、催促、唠叨、指责等，这些只能让孩子的习得性无助加重。每一个孩子都希望通过努力获得父母、老师的肯定，体验成就感，这就是医治孩子心灵的良方。

四、孩子缺乏自理能力怎么办

孩子缺乏自理能力，不会主动收拾自己的玩具、学习用品等，东西随处乱放，找不到时大喊大叫，甚至哭闹，吃剩的残渣也不肯收拾干净，怎么办？

孩子缺乏自理能力的原因是父母包办代替过多，替他穿衣服，给他喂饭，帮他整理书包等，什么都替孩子做了，觉得孩子长大了自然就会做，父母并没有认真地教育孩子，无形中剥夺了孩子成长的机会，违背了孩子学习的规律——试误说，更导致孩子依赖性强、情绪化严重、自理能力低等。

（一）小时候生活自理，长大后学习自主

孩子的成长要经历教学、学习、习惯的漫长过程，如果父母为了省事就包办代替孩子，剥夺孩子学习的机会，终将铸成大错。如孩子小时候吃饭、穿衣、刷牙、整理玩具等，父母可能嫌麻烦，或者嫌浪费时间就替他做了。殊不知这恰恰剥夺了孩子锻炼自己能力的机会，当他上学的时候，父母认为孩子理所应当该会的事，如上课听讲、回家写作业等，孩子都做不好。因为孩子的七项学习能力（自信心、好奇心、意向性、自控力、关联性、沟通力、合作性）是在 6 岁之前，通过生活自理锻炼成长的。如果父母什么事情都替孩子做了，他没有机会锻炼，生活自理能力没有得到提高，他就没有办法在学习上自我管理。

学校里，我们常常看到有的孩子上语文课拿出语文书和本，上数学课拿出数学书和本……这一天的课结束时，他的桌子上、地上堆的都是书和本子，书包空了；有的孩子铅笔、尺子、橡皮经常不翼而飞，校服、水杯也常常消失；还有的孩子不会系鞋带，鞋带开了就那么甩着到处走，有时候绊到自己

也不理；在训练营里，有的孩子不会剥鸡蛋皮，不会吃整个的水果，不会剥橘子皮等。这些缺乏生活自理能力的孩子，他们的学习能力也是欠缺的。

如果父母忽视孩子幼儿园阶段的生活训练，替孩子做事，不让孩子自己做，就会导致孩子长大了缺乏自理能力、依赖性强，推卸责任，如吃剩的残渣不收拾、东西乱放、玩具不收等，在学习上表现为不会安排时间和学习任务等。孩子缺乏的不仅是生活自理能力，而且是学习能力，二者是互相迁移的。

（二）训练孩子从"我希望"开始

父母要从孩子的生活自理能力开始，按照教学、学习、习惯三步骤帮助孩子成长。首先要把否定句变成肯定句，如"孩子不会主动收拾自己的物品"，改变成"我希望孩子主动收拾自己的物品"，如"我希望孩子整理房间""我希望孩子把吃剩的残渣整理干净"等，那么这些愿望就会变成目标。其次，父母要把目标进行分解，如"物品"可以具化为玩具、学习用品、生活用品等，"整理房间"包括书桌整洁、床铺整洁、地面干净等，一项一项列出来。最后，用外驱力方法激发孩子外在的行动，再配合"美言录"鼓励孩子内在的动机，持之以恒，形成习惯。磨刀不误砍柴工，只要父母从生活能力上开始训练孩子，自然会延展到学习能力，孩子的自我管理能力终将会有大大的改善和提高。

五、孩子心力交瘁怎么办

孩子在学校很有责任感，而回到家里就判若两人，想与老师沟通，但又觉得揭穿孩子，担心他自尊心受到伤害，该怎么办？

（一）孩子心力交瘁了

父母要知道孩子已经心力交瘁了，他的责任感还处在行为层面上，不是习惯层面上，也就是孩子要有意而为之的，他要有意识地遵守学校的各项规范，如上课安静、遵守课堂纪律、与同学和平共处等。就像父母在单位精力充沛，回到家就精疲力竭；还有的父母在单位温文尔雅，回到家就生气发脾气。因为孩子很多时候的表现不是习惯，就需要耗费很大的精力。每天早晨，我们都是精力充沛、干劲十足，经过了一天的工作和学习，就要耗费很多精力，到回家的时候剩得很少了，孩子晚上还要写作业，精力剩下的更少了，所以他们在家里的表现就没有在学校那么好了。

（二）精力圈：心力、脑力和体力

每个人的精力都是有限的，即精力圈，它包括三个方面：心力、脑力和体力，心力是1，后面的两个是0，合起来是100。"心力"是需要鼓励和肯定来保持的，如妈妈下班回家做饭，很辛苦，如果爸爸回家说："这个饭怎么那么硬呀，这个菜怎么那么咸，这个菜煮得太烂了。"这个时候妈妈的感觉会怎么样呢？她可能觉得很委屈、很生气："哼，我也上了一天班，回家立即做饭，你还挑三拣四的。"这就是心力交瘁。反之，如果爸爸回来说："哎呀！上了一天班，回到家就能吃到热乎饭，太温暖了。"妈妈的感觉会怎么样呢？虽然累了一天，回家又辛辛苦苦地做饭，但是得到了家人的肯定，付出被肯定，归属感油然而生，心力得到恢复。虽然也很累，但是被认可和被理解之后，我们就会觉得特别有干劲，第二天还会继续做饭，而且会自动改正自己的行为——饭里多加点水不再那么硬、菜里少放点盐不再那么咸、煮菜的时间短一点不再那么烂。"脑力"需要充足的睡眠来恢复，"体力"需要适度的休息和运动来恢复。如果没有"心力"这个 1，脑力和体力的恢复是没有意义的。

（三）心力恢复需要父母的肯定和鼓励

孩子在学校要遵守各项规章制度，还要完成上课任务，在他的表现没有成为习惯之前，确实要消耗"心力、脑力、体力"等精力。就像汽车耗油一样，越来越少，回到家里时所剩无几，需要恢复。孩子的"脑力和体力"通过休息、睡眠、运动等可以恢复，"心力"却需要父母的肯定，如他的难处父母能理解，他的开心父母能分享，他的进步父母能看到。很多时候，尤其是孩子感到伤心、难过、沮丧的时候，父母只要静静地听孩子说话，让孩子充分地表达自己的感觉和想法，不讲道理、不批评、不建议，孩子的情绪就会平复，从而能理智地面对和解决问题（沟通三部曲）。家是讲情的地方，不是讲理的地方，不要跟孩子说："你怎么在学校表现那么好，回家就表现得完全不一样，判若两人。"这样指责孩子的时候，孩子心力交瘁，这个 1 就没有，后面的脑力和体力也没有作用，第二天孩子来到学校时会更加累，精力不足。

（四）父母的"接纳、反映、讨论"增强精力圈

父母与其和老师沟通去揭穿孩子，不如先和孩子沟通，分担孩子的心理压力，给予孩子心力的支持。如我们可以描述孩子的感觉："你白天在学校里表现那么认真，上课那么辛苦，还要写作业，感觉很累，回家就想休息休息，是不是？"或者说："你在学校里遇到什么伤心难过的事情，遇到什么困难了？"当父母用"接纳、反映"的方式描述孩子的感觉，孩子会感觉被理解而使压力得以释放，"心力"恢复，精力圈增强，他会更加精力充沛地关注自己好的表现。

如果父母想与老师沟通，也要讲究方式方法，注重内容，不要简单地

"传话"。可以请教老师，当孩子表现好、有责任感的时候，老师给予的反应是什么，从而在保护孩子自尊心的前提下，帮助孩子健康快乐成长，没必要把孩子在家里的不好表现告诉老师。因为孩子在家里的表现一方面和行为目的有关，另一方面和精力圈有关。

（五）有效运用精力圈

父母要学习的是如何给孩子减压和加油，孩子在学校里精力耗尽，回家后父母通过"心力、脑力、体力"三方面的努力，给孩子加满油，帮助孩子第二天精力充沛、干劲十足。在孩子精力有限的前提下，这种良性循环可以确保孩子在学校表现优异，扮演好优秀学生的角色。回到家里，他的精力所剩不多，不足以扮演好儿子或者女儿这个角色，即在家里判若两人。

虽然孩子在家里的表现没有达到父母的期望，但是父母可以帮助孩子制定"三表一录"，目标分解，并持之以恒地在情感上与孩子共情，理解他，给他加油，他在家里的表现也会越来越好。

当孩子在学校和在家里好的表现越来越多，不断重复就会成为习惯，即不需要有意为之，当然就不需要耗费很多精力。孩子的精力圈足以兼顾学校和家里，行为稳定而一致，责任感成为习惯。

六、孩子做事虎头蛇尾、半途而废怎么办

有的孩子干什么事都很难坚持到底（游戏除外），虎头蛇尾，半途而废，有时则三天打鱼，两天晒网，如何让孩子持之以恒？父母遇到这种情况，不要指责孩子，更不要给孩子贴标签，而要明白一个道理："不积跬步，无以至千里；不积小流，无以成江海。"其核心就是"跬步""小流"，即目标分

解——大目标分解成小目标。帮助孩子制订计划，设计成功方案，让孩子体验成就感！这种内在的成就感才是孩子坚持到底的动力！

（一）小闹钟的故事

先看一个"小闹钟"的故事。有一只小闹钟被制造出来以后，它不知道自己该干什么，就问身旁的老闹钟："我应该做点什么？"老闹钟说："很简单，一年要摆动 3 200 万次。"小闹钟一听就蒙了，它对 3 200 万次完全没有概念，不知道自己该怎么做。另一个睿智的老闹钟说："小闹钟，你不用担心，你每秒钟摆动一下就可以了。"小闹钟开心地说："一秒钟摆动一下，这个容易，我能做到。"然后它就一秒钟摆动一下，一年摆动了 3 200 万次。

我想通过这个小故事跟父母分享的是目标管理，有的孩子对"好好学习""认真做事""专心听讲"等目标的理解，类似 3 200 万次这样一个大目标，完全没有概念，如果父母能够帮助他把大目标分解，类似"一秒钟摆动一次"，如同把目标分成很多梯子，孩子只要按照这个正确方向，一步一个台阶地往上走，即"积跬步""积小流"，终究会达到 3 200 万次的终极目标。

（二）目标分解助力孩子持之以恒

对于虎头蛇尾、半途而废的孩子，父母要考虑孩子的目标是否合情合理。如孩子考试 70 分，如果目标是下次考试 90 分以上，刚开始孩子积极性很高，一段时间后发现很难达到这个目标，就放弃了。原因就是父母没有帮助孩子找到"一秒钟摆动一次"的小目标，没有引导孩子体验成就感，没有发生成功效应。

父母如果想让孩子坚持一件事，就要像小闹钟故事一样，把总目标分解成小目标。小目标一定要符合苏联教育家维果斯基提出来的"最近发展区"理论，即在孩子已经达到的水平（已知）基础上，稍微努力就能达到的目标

（未知），如"一秒钟摆动一次"，"从 70 分到 71 分""从 3 小时完成作业到 2.5 小时完成作业""从 10 分钟完成 10 道口算题到 9 分钟完成 10 道口算题""从 30 分钟起床到 25 分钟起床"等，这种孩子已经达到的水平和可能达到的水平中间这个差距，就是"最近发展区"。从"已知"到"未知"的训练，持之以恒，"未知"就变成"已知"了，孩子的能力就提高了。

（三）目标分解至孩子的舒适区

孩子已经达到的水平，即舒适区，如豆豆早上需要 30 分钟起床穿衣；孩子可能达到的水平，即发展区，如25分钟完成起床穿衣。找到这两个区以后，设计分梯次目标和红星，如 30 分钟 1 颗红星，每提前 1 分钟加 1 颗红星。再如孩子 10 分钟 10 道口算，1 颗红星，每提前 1 分钟加 1 颗红星。这种目标分解很具体、可操作、可衡量，和"一秒钟摆动一次"有异曲同工之妙，孩子一点点努力就成功，这就是"积跬步"和"积小流"，孩子很容易坚持。

（四）豆豆不爱学习英语怎么办

同样的方法应用于豆豆小时候学英语也很有效，老师让孩子每天都要学习英语，听说 10 分钟，读 10 分钟，写 10 分钟，总共 30 分钟，豆豆每天都不主动做这件事。豆豆的记忆力很好，背课文很快，我就提出一个新方法："豆豆，不学习 30 分钟也可以，只要把这篇课文背下来就结束。"孩子觉得这个更难，也不愿意。我又提出让他耳朵听着录音，眼睛看着课文，嘴巴跟着读，也就是眼睛、耳朵、嘴巴同时进行，只要10分钟就算他完成这项作业了。从 30 分钟降到 10 分钟，孩子欣然接受，这个过程中，豆豆很认真地听、看、读，不到 10 分钟他就把这篇课文背下来了。几次尝试以后，豆豆提出他愿意采用我之前提出的方法，即背下课文就算完成作业，随着豆豆英语能力的提高，他背课文的时间越来越短，原来 30 分钟的作业，现在只要 5 分钟就完成了，学习效率大大提高。

（五）制定目标的原则：让孩子的利益最大化

父母帮助孩子制定的目标一定要契合孩子的实际情况，要让他的利益最大化，就是他付出得少，获得得多，这样才能让孩子产生成功效应，坚持到底。有时候会涉及情绪管理，即孩子知道他现在应该学习，或者应该背单词、背课文，但是他此时的心情低落，不愿意做这件事情，表现出父母说的"三天打鱼，两天晒网"，父母不要站在对立面，或者从一个高高在上的角度去批评、指责孩子，因为这时候孩子恰恰需要父母的鼓励和支持，需要父母的接纳、反映，需要父母帮助孩子把情绪调整到中等焦虑水平，同时要帮助孩子重新分解目标，找到"最近发展区"的任务，帮助孩子稍微努力就成功。如果父母这样做了，孩子感受到的是力量和自信，他更愿意向上迈进，持之以恒，逐渐接近父母所期待的大目标。

第三章

儿童时间管理效能：孩子的行为目的

一、鼓励你的孩子成为幸福的普通人

当你有了孩子你就有了问题，并不是说孩子会制造问题，而是孩子在成长过程中，父母并不了解孩子的这些规律而出现了很多的烦恼，从早晨起床、洗漱到上学，晚上回家写作业、睡觉等，生活中的点点滴滴，父母不断地唠叨、提醒、催促、警告孩子，自己感到非常累，非常伤心、烦心、痛心，尤其是孩子再出现不好的行为，如打架、撒谎、偷人家东西等，父母更加沮丧，完全没有了存在感，觉得做父母太失败了，甚至有的父母说我真想当初没有生这个孩子、这个孩子要是能塞回去就好了。

（一）做父母是要学习的

虽然父母说的都是气话，却表明了父母的无助、无奈、无力。其实做父母也是要学习的。做教师有教师证，做会计有会计证，当司机要有驾照，而父母却都是无证上岗的，但我们不能认为做父母可以无师自通。要知道孩子从出生的时候开始，他们并没有带着说明书，每一个孩子又都是不同的。父母并不知道孩子会出现哪些问题，也不知道面对孩子的这些问题应该怎么办？

我们从小到大学习到的就是传统的教育方法，即孩子表现好我们就夸他；孩子表现不好，我们就惩罚他。父母都希望有一个乖巧可爱的孩子，希望有一个听话的孩子，希望这个孩子跟他说什么他就做什么。其实你想一想，如果你真有一个那样的孩子，没有自己的主见和想法，像个机器人一样，你确定这真的是你想要的吗？其实不是。

那么我们到底要一个什么样的孩子呢？北京四中刘长铭校长说："鼓励你的孩子成为幸福的普通人"，我对这句话感悟颇深。在这句话里我们看到有两个关键词：一个是幸福；一个是普通人。也许很多父母并不同意，但是当我解释了以后，你也许就会同意我的观点了。

（二）什么是幸福

幸福就是对自己满意，有自信，觉得自己有价值，当自己不开心的时候有能力愉悦自己，哄自己开心。在生活中遇到困难的时候能哄自己开心，在学习上遇到难题的时候也能哄自己开心，那么将来在工作中遇到困难的时候，他也会想办法先哄自己开心，让自己愉悦地面对困难，这就叫幸福。

幸福不等于成功，大家都知道幸福课程最早开在哈佛大学。为什么哈佛大学那么多人都是非常成功的，而他们却要选择幸福这门课程？原因在于幸福是一种感觉，是对自己的满意程度，而那些成功人士，如哈佛大学的学生，他们虽然很成功，在外人眼里他们都是光鲜亮丽的，可是他们内心对自己不满意，觉得自己还不够好，因此他们想学幸福课程，希望通过这门课程的学习让自己感觉到幸福。

作为父母，如果我们能让孩子从小就感觉到父母的爱，对自己很满意，那么我们就是把幸福的种子给孩子种下去了，伴随着孩子的成长，种子生根、发芽、苗壮成长，将来他就会是幸福的人。如果在孩子成长过程中，父母不断地提醒、催促、唠叨，孩子怎么会觉得你爱他呢？我曾经问过很多孩子，你们觉得父母爱你们吗？他们说父母只爱一百分的孩子，父母总说别人家的孩子如何听话，别人家的孩子如何学习好，别人家的孩子多么的能言善辩，总觉得我不如别人家的孩子。如果孩子们成长过程中充斥着这样一些想法，他们怎么会幸福呢？

（三）什么是普通人

普通人就是要完成人生的三大事——事业、爱情和友谊。如果有了事业，就可以自食其力，独立生活，这是一种让自己满意的生存状态。那么爱情和友谊呢？首先要有三五好友，即友谊。当然要有一个人生的伴侣，这种良好的亲密关系能够保证我们在遇到困难的时候有人分担，有人跟你一起分享，一起去面对。这种亲密关系，是从父母那里学来的，是和父母关系的延伸。

孩子跟父母之间的关系如果是亲密的，即父母对孩子是肯定的，那么孩子和父母就会有一个良好的亲密关系，就种下了优质的种子。随着孩子慢慢长大，有了同学，有了朋友，然后有了自己的爱人，这颗种子就会不断地生根发芽，直到孩子长大成人，有了自己的孩子，这种亲密关系还会延续下去。

所以幸福的普通人，看似那么简简单单、普普通通，却是非常有深意，需要父母在孩子成长的过程中，把自己的爱坦诚而真实地表达出来，而不是用提醒、催促、唠叨、生气、发脾气、责罚等"狼追型"方法教育孩子，因为这种传统的教育，不仅让孩子感觉不到父母的爱，而且导致孩子对自己不满意、未来不幸福。

二、抓住孩子习惯养成的关键期

孩子自我的成长包括生理我（0~4岁）、社会我（4~12岁）、心理我（12~16岁）等几个阶段，父母对孩子的影响随着年龄的增长而不同。

（一）孩子的三个我：生理我、社会我、心理我

0~4岁是孩子生理我发展的关键期，父母更注重孩子身体上的变化，如孩子身体是否健康，营养是否均衡等。

4~12岁是孩子社会我成长的关键期。在这个阶段，父母对孩子的评价将

决定孩子对自己的评价。如果父母每天的十句话里面有八句话都是在说孩子这里做得不够好，那里做得太慢了，这些话就会像标签一样贴在孩子身上，这个孩子就被贴了八个负向的标签，伴随孩子的成长，这些标签就会被孩子内化为对自己的看法。

12 岁以后，孩子的自我成长进入心理我阶段，他会带着这些标签向内循环，自我扩大，慢慢就成为他固有的性格。此时的孩子抗拒权威，如果父母要影响孩子，有效的途径是成为他的朋友。我们都知道，要成为青春期孩子的朋友是件多么困难的事情。

因此，做高效能父母要抓住孩子 4~12 岁这个关键期，这个阶段父母的影响力最大，对孩子的自我成长至关重要。

（二）软糖实验：自控力决定孩子成长的方向

让我们从一个软糖实验来看一看父母的重要性。美国心理学家米歇尔从 1966 年开始在斯坦福大学附属幼儿园进行了一个著名的软糖实验，总共有 550 名儿童参与研究。在一些 4 岁的孩子面前放一颗糖，然后跟孩子们说如果你现在吃了这颗糖，就只有这颗糖，如果你能够忍住 15 分钟还没有吃，老师会给你第 2 颗糖。

在这 15 分钟里就会看到有的孩子忍不住吃了，有的孩子就能够控制冲动，延迟满足，等到了第 2 颗糖。这样就分出了两组孩子，在随后的 14 年里，心理学家对这两组孩子进行跟踪观察。

结果发现能够控制冲动、延迟满足的孩子，在青春期有着更好的学业表现，在高考的时候，美国的 SAT 的考试中，能够控制冲动的这组孩子比另一组孩子平均分高 210 分。老师和同伴们对这些孩子的评价也更高，他们成人后拥有更高的社交水平和教育能力。2009 年，这些参与者被邀请到实验室里进行了脑成像扫描，结果发现，那些延迟满足能力更强的人，在完成任务时，前额叶皮层的活动更加活跃。米歇尔在实验进行了 50 周年后的 2016 年出版了《棉花糖实验》。

（三）抓住孩子成长的关键期、补偿期

除了控制冲动、延迟满足这种自控力以外，孩子在成长中还有其他一些方面的能力，如好奇心、自信心、意向性、沟通能力、关联性、合作性等，都是孩子的学习能力，应该在 6 岁之前养成，但是因为父母没有上岗证，也没有学习到如何做父母，并不知道孩子在 6 岁之前应该重点培养孩子这七项学习能力，不知不觉中孩子就长大了。

大家也不用担心，孩子在 6~12 岁还有一个补偿期。当然，一、二年级的孩子是第一个黄金补偿期，三、四年级是第二个黄金补偿期，到五、六年级就是第三个黄金补偿期了。

如果到 12 岁以后再来学习这套父母效能，父母的难度会很大，因为孩子的自我成长已经进入心理我阶段，向内循环。只有一个办法可以帮助到你的孩子，那就是你要跟他成为朋友，因为 12 岁以后的孩子处于心理我阶段，他重视的是朋友，他最反对的就是权威，老师和父母都是权威的代表。

对于 12 岁以后的孩子，如果你再以父母的权威态度出现，会引起孩子的逆反。所以要跟孩子建立良好的亲子关系，跟孩子成为朋友，孩子才可能与父母合作。

如果孩子处于 4~12 岁，那么恭喜你，这恰恰是学习父母效能的关键期，因为这个时候的孩子处于社会我阶段，正好是父母最大限度发挥能力的时候，所以我们要抓住这个关键期，帮助孩子健康快乐成长。

三、儿童时间管理效能六大模块

"儿童时间管理效能"帮助父母系统学习一套技能，主要包括六个模块，如图 3-1 所示。

5.鼓励有方：建立自信心、培养兴趣
6.行为结果：培养责任感

图 3-1　儿童时间管理效能六大模块

第一个模块就是要了解孩子的行为目的，因为孩子可能有各种各样的表现，他的行为就像密码一样，父母要学会解码，要学会深入了解孩子说的话、做的事到底是什么意思。

第二个模块就是父母的情绪管理，让自己平静地对待孩子。因为父母面对孩子的行为表现，常常会忍不住生气、发脾气。当父母生气、发脾气的时候，智商处于零，完全失去了解决问题的能力。

第三个模块和第四个模块就是沟通，包括积极倾听和我的信息。当我们了解了孩子的行为目的，也能够控制自己的情绪之后，就需要把我们的想法告诉孩子，也需要听孩子心里是怎么想的，这种互动的过程能够把父母教育的理念和想法，以及教育目标传递给孩子。

第五个模块就是鼓励有方，即如何帮助孩子建立自信和培养兴趣。孩子在成长过程中，他有很多好的行为。当他表现这些好的行为的时候，父母要及时告诉他，鼓励他，帮助他把这个行为保留下来。

第六个模块是行为结果，父母要学习孩子犯错怎么办。父母也会面临另一个问题，就是孩子有不好的行为时，怎样能够让孩子承担行为结果，培养他的责任感。

这六个模块的理论基础涉及四个心理学家，分别是阿德勒、戴克斯、罗杰斯和戈登。

第一个心理学家就是阿德勒，他认为孩子成长的动力就是归属感，孩子成长过程中，需要获得父母的肯定。通过两个方面来实现：第一就是孩子对这个团体要有所贡献；第二就是孩子做出贡献以后，希望获得父母对他的肯定、接纳、鼓励。这两个方面都达到了，孩子的归属感就形成了。归属感也叫一席之地，对于孩子来说，最重要的团体就是家庭，最重要的人就是父母，按照阿德勒的观点，孩子成长的动力来自于父母对自己的肯定。

第二个心理学家是戴克斯，他认为孩子的行为都有目的，12 岁之前有四种，分别是吸引注意、争取权利、报复和自暴自弃；12 岁之后有三种，分别是追求兴奋刺激、寻求同伴接纳、追求优越感。

第三个心理学家就是罗杰斯，他的观点是如果我们能够对对方表现出无条件积极接纳，那么无论是孩子，还是成人，都会得到疗愈和成长，健康发展。

第四个心理学家就是戈登，戈登把罗杰斯的情感表达技术用于孩子成长中的沟通环节，他提出了积极倾听、我的信息、问题解决等方法和技巧。

四、孩子行为面面观：行为目的

有一个小女孩，妈妈第一次带她去幼儿园，在楼道里她看到很多画挂在墙上，她指着一幅画说："这是谁画的？这么难看。"妈妈赶紧拉住她说："你又不认识这里的人，你怎么能这么说呢？"妈妈觉得孩子这样说很没有面子。

而园长告诉这个小女孩："我们这儿的孩子可以随意画，按照他们自己的想法，想画什么就画什么。"走了一会儿，小女孩又看到一辆玩具车坏了，她又说："这是谁搞破坏的，怎么也不批评他。"妈妈说："你管是谁弄坏的呢？你又不认识这里的人。"而园长说："我们这边的玩具都是用来玩的，玩的时候就可能弄坏了，没有关系的。"

其实在说这些话的时候，小女孩背后都有行为目的，她想知道，如果我在这里，画得这么难看，会不会有人说我？如果我在这里不小心把玩具车弄坏了，会不会有老师批评我？园长了解孩子的行为密码，他知道孩子说这些话背后是什么目的，所以他就回应了孩子的真实想法，孩子就高高兴兴地留在幼儿园了。

（一）孩子的话没有傻话

我们从这个例子可以看出，孩子说的话没有傻话，孩子的行为也都是有目的的，他们从小到大就知道，哪些行为能够达到目的，哪些行为不能达到目的。那些能够成功达到目的的行为就会保留下来，心理学把它叫作鼓励，或者增强，也可以叫作强化。而那些不能够达到目的的行为，就被孩子遗忘了。

父母要了解孩子背后的行为目的，知道他为什么这么说，要回应他的行为目的，不要仅仅看到孩子表面说的话，或者觉得自己没面子，从而错误地给孩子回应，导致孩子的行为错误地保留下来。可以看出所有孩子的偏差行为，都是因为父母不了解孩子背后的行为目的而给予了错误的回应，导致孩子这些偏差行为不断地保留下来，并巩固和强化了。

（二）阿德勒的归属感

按照阿德勒的观点，孩子的行为目的是否达到、归属感是否形成，在家里、在学校，或者在幼儿园里是否觉得有一席之地，取决于两个因素：一个因素就是他对这个家庭有所贡献；另一个因素就是他贡献之后需要给予正向的回馈，给予正向的肯定。

父母在孩子成长过程中非常忙，常常忘记给孩子贡献的机会。如孩子从小要自己吃饭，而父母觉得喂饭，孩子吃得更快更干净，如果让他自己吃，不仅吃得慢，时间拖得很长，还会弄得很脏，到处都是米粒，衣服也弄得很脏，父母还要收拾，要花很多时间。因此我们就直接剥夺了孩子学习的机会，直接把结果给了孩子，直接喂饭，直接替代孩子做事，久而久之孩子就会觉得自己没用，很没有价值。

再就是父母对孩子要求很高，在孩子刚刚学习的过程中，如吃饭、穿衣服，甚至长大一点开始洗漱、收拾玩具，父母希望孩子一下子就做到最好。有时候孩子会给父母一些帮助，如吃饭帮忙拿筷子、端饭碗等，父母会觉得他们帮倒忙，越帮越忙，甚至觉得他们在捣乱。所以这两种情况都会让孩子觉得自己没有价值，没有意义。

（三）冰山理论

我们先了解一下冰山理论（见图 3-2），这是萨提亚家庭治疗中的重要理论，实际上是一个隐喻，它指一个人的"自我"就像一座冰山一样，我们能看到的只是表面很少的一部分——行为，而更大一部分的内在世界却藏在更深层次，不为人所见，恰如冰山。冰山理论包括行为、应对方式、感受、观点、期待、渴望、自我等七个层次。

孩子的行为在冰山以上，而冰山以下还有孩子的应对方式，孩子的情绪情感，他们的观点、期望，还有最重要的就是他们的渴望。他们渴望被接纳，渴望有价值，渴望被爱。这将会决定孩子更深一层的自我评价，决定

"我是谁"，即对孩子的性格起到决定作用。孩子是否觉得我是一个有价值的人，我是一个有用的人，我是一个有帮助的人，取决于孩子的渴望是否达到。所以从孩子的行为入手，了解孩子的行为目的，根据孩子的这些行为就能够知道他的目的是什么，从而对孩子好的行为及时给予肯定，满足孩子被认同的渴望。

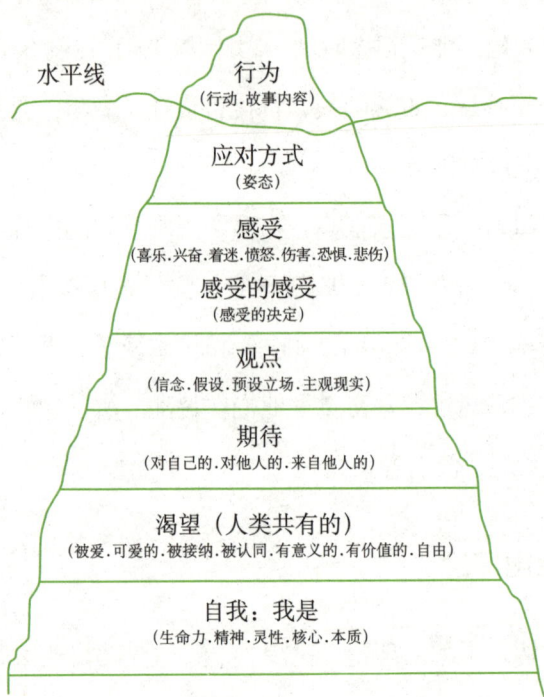

图 3-2　冰山理论

（四）戴克斯的行为目的说

戴克斯的行为目的认为归属感，或者一席之地，在 12 岁之前分成 4 种，4 种分别是吸引注意、争取权利、报复和自暴自弃。12 岁以后的孩子，其行为目的还增加了追求兴奋刺激、寻求同伴接纳以及追求卓越感这 3 种。

我们从吸引注意开始，12 岁之前的孩子第一个行为目的就是吸引注意。如有一次我到一个朋友家，朋友家有个上二年级的小孩，他不断地过来，先是说："妈妈，我的玩具车坏了。"妈妈说："知道了，一会儿我就帮你修"。他又跑过来说："妈妈，我的作业不会，你能告诉我怎么做吗？"妈妈说："你先去做会的题，待会儿妈妈就过来教你。"刚刚过了几分钟，孩子又跑过来说："妈妈，我身上痒，你帮我抓一抓吧。"妈妈有点烦了说："以前你都没有这样的事，为什么我跟阿姨刚说一会儿话，你就没事跑来跑去的。"结果这个孩子被训斥一顿回到房间，一会儿又出来了说："妈妈，我觉得太没意思了，好烦。"

孩子之所以这样表现，就是因为他觉得只有获得注意的孩子才是有价值的，而我跟他妈妈聊天的过程中他处于被忽视的状态。当他表现好，在房间里待着，其实就是被忽视的，所以他就要不断地换各种方式来骚扰，一会儿过来说这个坏了，一会儿又说那个不会，要不然就是身体不舒服等，这就是在吸引注意。孩子吸引注意的时候，父母最大的感觉就是烦。如果你的孩子不断地重复某一个行为，而你感觉到非常烦，提醒以后，他就换一种方式的时候，就要考虑孩子的行为目的是吸引注意了。对于吸引注意的孩子，切忌提醒、催促。

当孩子的行为没有达到吸引注意的行为目的时，他的行为目的就要升级到争取权利，他想让父母知道，只有做他想做的事情，只有他发号施令的时候，他才是有价值的。

如有一个妈妈去学校接孩子，冬天很冷，儿子没有穿羽绒服，妈妈就说："你要把羽绒服穿上，太冷了。"孩子说："我不冷。"然后妈妈又说了一遍："天这么冷，你看大家都穿羽绒服，你也要穿羽绒服。"孩子却说："大家冷跟我有什么关系，我不冷。"这时候妈妈生气了，孩子也急了，就把羽绒服拖在地上，往停车的地方走。一路上妈妈让孩子穿羽绒服，他就是不穿。走到车前的时候，妈妈退让一步，说："那好吧，你不穿就不穿吧，把羽绒服上的土掸一掸，掸干净了咱们上车回家。"结果孩子说："羽绒服上没有土。"妈妈说："怎么可能？你从校门口一直拖到车这儿，走了那么半天，羽绒服上肯定有土。"孩子一句"没土"，妈妈一句"有土"，两人就僵持在那儿。妈妈气急了，就给爸爸打电话，想让爸爸管管孩子，爸爸在上班没有接听电话，母子俩就一直僵持着，直到爸爸开完会给孩子打电话沟通之后，他们才气鼓鼓地上车回家。

这个孩子的行为目的就是争取权利。当孩子发现他没有办法做他想做的事情的时候，就像刚开始，他说不冷，那可能是真的，他也许在学校里刚刚跑步、运动完，孩子确实不冷。我们说有一种冷叫"你妈觉得你冷"，这是常常遇到的情况，父母觉得冷，就让孩子穿上衣服，父母觉得风大要戴帽子，就让孩子戴上帽子，不管孩子是否觉得冷，是否满头大汗。孩子却要证明，我才是我的主人，我要做我想做的事情，我不允许别人控制我。此时，父母想控制孩子，孩子却不想让父母控制，就产生了争取权利的行为目的。当父母感觉到生气了，觉得自己的权威受到了挑战，就要考虑孩子的行为目的有可能是争取权利。

第三个行为目的就是报复，当孩子吸引注意、争取权利都失败的时候，他就会觉得特别沮丧，他觉得跟父母抗争，也斗不过他们。他就要采取一种伤害别人的方式，因为他觉得自己先被伤害了。如有一个小男孩，妈妈让他回家写作业，他也答应了。可是当妈妈7点钟到家的时候，这个孩子还在看电视，书包放在旁边，根本就没有打开，妈妈就有点生气了，催促孩子赶紧关上电视，快去写作业，提醒孩子已经答应妈妈回家要先写作业。孩子头也没动说："好，我知道了。"孩子的眼睛继续盯着电视，依然没有动。过了10分钟，妈妈看到儿子还在看电视，妈妈的声音就提高了，让孩子赶紧把电视关上去写作业，再不写就来不及了。孩子依然没有动。快到 7 点 30 分的时候，孩子还在看电视，妈妈就怒了，跟孩子吵了起来，妈妈说："你答应我回家先写作业，可是却在看电视，而且我提醒你三四次了，你还在这儿看电视。"孩子说："妈妈，求求你了，你就让我把这点儿看完吧。"妈妈很生气，直接把电视关了。孩子爆发了，他说："我差一点儿就看完了，你就不让我看，成心跟我过不去。"妈妈说："你要老这样管不住自己的话，这个电视还不如砸了。"孩子说："砸就砸！"孩子真把电视给砸了。

孩子在跟父母的斗争中失败了，表面上看父母赢了，实际上父母已经输了里子。孩子也觉得特别沮丧，觉得受到伤害。因为他觉得在自己的行为控制方面，他是一个失败者，他没有办法掌控自己，他就采取这种报复行为回应妈妈，让对方伤心难过，让对方觉得自己很讨厌。

第四种行为目的就是自暴自弃，当孩子的吸引注意、争取权利、报复等三种行为都没有达到目的的时候，最后就是对自己彻底地失望了，他觉得很沮丧，完全不可救药了，他什么都不做，他希望通过这种方式让对方也感觉到失望，让父母也觉得自己不可救药，那么他的目的就达到了。

如一个五年级的孩子离家出走了，父母不找他。因为在他三、四年级的时候就经常离家出走，那个时候父母会去找他。但是现在他已经到五年级了，离家出走的时候妈妈根本不去找他，甚至说爱走不走。这一次孩子已经走了两天了，妈妈不找他，也不报警，学校老师都着急了，到处去找他，有一天在学校门口发现了他，把他给领回学校，然后让妈妈来领孩子。没想到的是，妈妈见到孩子第一句话就说："你爱去哪儿去哪儿，我根本就不想管你了，你也别管我叫妈妈，你也别回家。"结果孩子扭头就走，被老师拉住了。孩子的行为目的是自暴自弃，这个孩子对自己极其失望，他也让妈妈对他很失望。当父母觉得无助、想放弃的时候，孩子的行为目的其实已经达到了，他对所有的事情都感觉到没有办法，觉得自己在好人的世界里已经没有地位了，处于一种无助的状态。

我们在第二章以心理学家塞利格曼的电狗实验来说明习得性无助，从孩子的行为目的来看，自暴自弃就处于这样的一种状态，也就是孩子之前努力过，挣扎过，孩子从吸引注意失败，到争取权利被父母打败，然后到报复让父母伤心、难过、讨厌等依然失败的情况下，形成习得性无助，最后他就完全对自己失望，即自暴自弃。

以上就是 12 岁之前孩子的四种行为目的，从吸引注意，到争取权利，再到报复，直至自暴自弃，孩子的感觉是越来越沮丧，越来越觉得自己无助，最后完全处在一种没有任何动力的状态下。如果孩子这种自暴自弃的方式泛化到生活中的点点滴滴，其实就是我们常说的抑郁。抑郁的人内在心理机制就是这种习得性无助。

五、孩子行为目的的变化与正确导向

12 岁之前的孩子为了达到吸引注意、争取权利、报复、自暴自弃等行为目的，通常有四种行为方式。

（一）孩子的四种行为方式

第一种是主动建设性方式。如孩子在学校里学习特别好，特别听老师的话，学习成绩好，运动也好，音乐也好，同伴关系也好，他通过这种成就表现来获得注意，以达到吸引注意的行为目的。

第二种是主动破坏性方式。如孩子通过好的行为没有办法达到他的行为目的，他就会换一种方式，如骚扰。假设孩子上课的时候，前十分钟他都认真听讲，好好表现，老师可能没有关注他，但是在第十一分钟他只要敲桌子、接下茬、和同学说话、给同学捣乱，立刻就会得到老师的批评，吸引注意的行为目的就达到了。

第三种是被动建设性方式。被动建设性行为是指孩子特别听话，特别乖巧可爱，父母让他做什么，他就做什么，特别讨巧，他知道父母想要什么，他就努力去做。

第四种是被动破坏性方式。如果孩子讨巧得不到父母关注的时候，他就会换一种方式，如懒散来达到行为目的。那些磨蹭的孩子，基本属于这种方式，他们好好表现的时候被忽视了，就会用磨蹭的方式来获得关注。

（二）孩子行为目的路线图

图 3-3 说明孩子从主动建设到主动破坏、从被动建设到被动破坏等四种行为方式的变化和演变，可以看出有 ABC 三种路线。

行为目的 归属感（一席之地）	有用的行为		无用的行为	
	主动建设	被动建设	主动破坏	被动破坏
吸引注意	成就 Ⓐ	乖巧可爱 Ⓑ	骚扰	懒惰
争取权利		Ⓒ	反叛	固执
报复			行为不当	抗拒 消极侵犯
自暴自弃				无助

图 3-3　行为目的路线图

（三）A 路线：主动建设到主动破坏

如有一个小男孩，名字叫小新，刚开始上课的时候还是挺乖的，一会儿他就开始说话了，老师提醒他以后，小新安静了一会儿，然后开始踢桌椅，老师又提醒他要遵守课堂纪律、要安静。

这就是 A 路线开始发生作用。小新刚开始上课时很安静，他希望通过成就表现得到老师的关注。当他没有得到关注的时候，就变成了骚扰的方式，如说话、踢桌椅、扰乱课堂纪律等主动破坏性的行为，他发现这种方式能达到行为目的。孩子都知道哪些行为能达到行为目的，哪些行为达不到行为目的。凡是能达到行为目的的行为就会保留下来，而达不到的就会被忽视，所以小新没有达到行为目的的这种好的行为就不再做了，如安静听课，转而做这种不好的行为。

当老师提醒小新三四次以后，他还我行我素，老师就生气了，让小新到教室前面站着。小新到前面站着的时候老师继续上课，结果发现全班同学哄堂大笑，扭头一看，小新正在做鬼脸，他把脸、鼻子、眼睛给揪成各种样子，逗大家笑。

他通过这种骚扰的方式又获得了老师的注意，老师更生气了。根据行为目的判断标准，当老师生气的时候孩子其实在争取权利，他想告诉老师："我是自己的主人，我想做什么就做什么。"

老师继续讲课，让小新脸朝墙站着，一会儿小新往前一倒，"咚"的一声，头就撞到墙上，全班同学大笑不止，老师的课堂都被扰乱了。此时小新就是用报复的方式，让老师觉得自己很讨厌。

我们看到这个孩子行为方式的变化，开始以成就表现没有得到老师的关注，转而变成以骚扰的行为被老师提醒，从而达到吸引注意的行为目的。老师提醒几次之后，他就开始用争取权利的方式让老师生气。接下来他又用让老师讨厌的方式进行报复，这就是 A 路线。

（四）B 路线：被动建设到被动破坏

有个小男孩名叫小明，他学习非常好，在学校里是老师经常表扬的对象，在家里也是父母非常放心的孩子。他的父母都是大学老师，非常忙。孩子不仅表现好，成绩也好，父母很省心，几乎不用操心孩子的大事小情。

有一天晚上，父母回家已经快十一点了，看到小明还在写作业，妈妈很纳闷，问孩子今天作业很多吗？小明说不多，懒洋洋的，一边摔着笔，一边砸着橡皮。妈妈看着孩子说："那你快点写吧，已经快十一点了，睡觉都耽误了，明天上课就该犯困了。"

小明还是一副懒洋洋的样子，妈妈开始催他了，不断地提醒他，要快点，要快点，赶紧的，就剩这么点作业，十分钟就写完了。这十分钟作业过程中，妈妈不断地催促、提醒，孩子被关注，他的行为目的达到了，这种懒散、磨蹭的行为因为达到吸引注意的目的而保留下来了。

父母没有看到小明让他们那么省心，没有看到他学习上完全是自我管理的，生活上也是自我管理的，他非常乖，他希望通过这种好的表现来吸引父母的注意，希望父母能够看到他，能够夸他。但是父母很忙，觉得孩子表现好，挺省心的，就不用去关注了，被忽视的孩子就换了一种懒惰的方式，磨蹭着写作业。父母眼里揉不得沙子，见到孩子有不好的行为时，立即提醒他，所以孩子的行为目的达到了。

这种能够达到行为目的的行为就保留下来，小明从此以后就越来越磨蹭，父母几次提醒以后，小明嘟着嘴，就是不动、不写，非常固执，父母开始生气，孩子的行为目的已经升级了，从原来的吸引注意，到现在争取权利，直到后来孩子非常抗拒，不写作业，而且搞破坏。这种抗拒的行为让妈妈觉得非常伤心，妈妈认为我对你这么好，给你提供这么好的生活条件，你怎么能这样对我呢？当父母这样想的时候，其实孩子已经在用报复的方式来达到他的行为目的了。如果父母不了解孩子的行为密码，继续给予错误回应，孩子的行为目的继续升级，最后就会感到无助、自暴自弃。

（五）C路线：从吸引注意到自暴自弃

C路线是指孩子没有经过吸引注意、争取权利、报复到自暴自弃，而是从吸引注意直接就到自暴自弃了。

我曾经训练了一个小女孩，六年级，学习非常好，全班第一名，一直非常优秀。有一天孩子突然说不上学了，妈妈觉得很奇怪，问她遇到什么困难了，孩子不说，就是不去上学。妈妈把她送到学校门口，她就在门口哭，没有办法，只能把她领回家来。这个孩子一直不想去上学，每天待在家里，开始的时候妈妈天天劝她，不仅无效，反而更严重了。

孩子不仅不上学，而且连楼都不下了，让她去外面看个电影，或者吃个好吃的，她都不去。以至于后来她连澡也不洗，脸也不洗，每天就是饿了吃点饭，吃得也很少，生活状态非常不好。

这个孩子的行为变化就是从吸引注意直接到自暴自弃的C路线。通常这种乖巧可爱的好学生，压力都非常大，不知不觉间直接就到了这种无助的状态，全盘否定自己。

六、孩子不当行为目的和处理方法

父母了解孩子有四种行为目的，进一步就想知道孩子的行为，如磨蹭拖拉、注意力不集中、粗心大意、逆反顶嘴、发脾气等，其背后的目的是什么？我们判断孩子的行为目的，不是根据孩子的行为，而是根据孩子表现某个行为时父母的感觉，以下分别从吸引注意、争取权利、报复和自暴自弃等四个行为目的来说明，总结如图3-4所示。

孩子的 错误想法	孩子的 行为目的	1.父母的感觉 2.父母的反应	孩子对父母 纠正其行为的 反应	父母可采取的 一些方法
唯有我被注意或让人家为我做事，我才存在、有价值	吸引注意	1.厌烦，觉得受骚扰 2.一再警告与哄骗	暂时停止不当行为，然后重新开始相同的行为，或采用另一种干扰方式以吸引注意	若可能的话，忽视其行为，当孩子主动表现正向行为时，立即给予注意。此外，避免过度为孩子做事。注意：警告、处罚、给奖赏、哄骗与服务都是给予孩子不适当的注意
只有当事情在我的控制之下，或证明没有人可以指挥我时，我才是我	争取权利	1.生气、愤怒，因为父母的权利受到挑战 2.斗争或让步	主动或被动地挑战，不当的行为更强烈或孩子不情愿地屈服	从冲突中退出，并以"引起孩子帮忙的兴趣"和"积极参与合作"的方式来协助孩子明白建设性地使用权利的方法。注意：战争或退步只有更增加孩子的权利欲
当我感觉受伤害时，只有去伤害他人。没有人爱我	报复	1.深深地受伤害 2.以其人之道还制其人之身，并且报复之	以更强烈的不当行为或选择其他武器做更进一步的报复	不要伤害到情绪，避免处罚和以其人之道还制其人之身。建立彼此信任的关系，让孩子感觉到他是被爱的
只有使别人觉得无法对我有所期望时，我才是我，我是无能为力且无助的	自暴自弃	1.失望、放弃，有"我放弃"的想法 2.同意孩子已经无可救药	被动反应或无论做什么事都只有失败的反应。表现出无法改善的模样	停止所有的批评，鼓励孩子任何正向的意图，无论此意图是多么微不足道，重要的是孩子尝试改善自己的努力。最重要的是，千万不可以放弃

图 3-4　孩子不当的行为目的及处理方法

（一）吸引注意

第一个是吸引注意。如果父母的感觉是烦、被打扰，那么孩子的行为目的就是吸引注意。当孩子表现某个行为，父母提醒、催促、唠叨，不断地告诉他不要这样，可是孩子暂时停止这种行为，过后就又会出现，或者换一个行为，孩子就是在吸引注意，他希望你关注他。

　　对于吸引注意的孩子，他有一个错误的想法，就是只有我被注意，我才是有价值的，我才是有用的。当我用好的行为没有得到父母或他人关注的时候，就会换一种方式，即骚扰或懒散的方式。如前面提到的 A 路线和 B 路线。

　　在吸引注意这个层面，孩子有建设性、有用的行为，也有破坏性、无用的行为。当他表现有用的行为时，因为父母不了解他的行为密码，因此没有看到，这时候他就会换成无用的行为来达到行为目的。

　　对于想吸引注意的孩子，父母正确的做法是忽视这些不好的行为，不要让孩子得到注意；而当他有好的行为时，一定要及时关注到他，给予他关注，告诉他我看到了你的好表现。关键是父母要主动"给予"注意，而不要让孩子被动"得到"注意。

　　如前文提到的小新，前半节课小新很认真听讲，积极举手，然而老师并没有叫他，他觉得自己被忽视了，就换成骚扰的方式，不断地说话。这个时候老师必然感觉被打扰，注意到小新的骚扰行为，根据行为目的判断标准，老师就会觉察到："我忽视了小新，他用这种方式告诉我，他表现好时，他的行为目的没有达到。"

　　此时，老师不要直接批评小新，因为那样会让小新被动"得到"注意，他的骚扰行为会因被强化而得到保留。老师正确的做法就是要主动"给予"小新注意，如小新说话的时候老师忽视他，而当小新表现好的时候主动关注到他。即使小新已经开始说话、捣乱了，老师可以说："我先叫某某同学，等那个同学回答完了，小新，老师就会叫你来补充回答这个问题。"老师的这种回应方式既没有让小新用不好的行为"得到"注意，而且也关注到了小新，满足了小新吸引注意的行为目的，同时把小新的注意力转移到老师讲课的内容，因为他要听一听人家是怎么回答这个问题的，他会考虑：一会儿老师叫我起来的时候，我要怎么补充。在这种互动中，老师主动"给予"小新注意，设计出好的行为获得注意的行为模式。

总之，对于吸引注意的孩子，我们要注意的是不要中了孩子的圈套，不要让孩子"得到"关注，而要主动"给予"关注，在孩子表现好的时候给予关注。

再如小明，当小明的妈妈发现孩子11点还没有写完作业，不仅不着急，反而在那里慢慢腾腾、磨磨蹭蹭地玩着笔和橡皮，这个时候妈妈要忽视这些行为，多看到小明的努力，可以说："小明，父母不在家，你能主动完成作业，真是太棒了！"这样的回应方式，就让小明背后吸引注意的行为目的达到，他会自动修正自己的行为，变得快速起来。而他之前这种磨蹭、骚扰的行为，因为没有得到父母的注意，就会慢慢地消失。

总之，面对孩子的行为，如果父母觉得烦，或者被打扰，多次提醒之后孩子暂时停止，稍后换另一种骚扰方式又出现，就要考虑孩子的行为目的是吸引注意。面对吸引注意的孩子，父母正确的做法是忽视那些不好的行为，而主动去找孩子身上好的行为，并且及时反馈给孩子，让孩子的好行为因得到父母的关注而保留下来，那些没有得到关注的偏差行为就会自动消失。

（二）争取权利

第二个是争取权利。当父母多次告诉孩子要做什么，不要做什么，而孩子依然我行我素，父母感觉生气了，这时候孩子的行为目的是争取权利。从争取权利开始，孩子的行为没有有用的，只有无用的行为。所以当父母觉得生气时，暂时抛开孩子的问题，首先要控制好自己的情绪，保持平静的心态，然后再采取回应，如引起孩子帮忙或者转移注意力的方式让孩子的行为目的达到。不要在亲子战争中跟孩子硬碰硬，否则父母可能赢了面子，丢了里子，表面上可能孩子屈服了，但事实上他是口服心不服，而且行为目的可能会继续升级到报复，因为孩子觉得在跟父母的战争中失去了控制权，他就会觉得特别沮丧，紧接着就会进入报复。

如前文中的例子，妈妈让孩子把羽绒服穿上，孩子说不冷，这个时候妈妈不要再说了，因为孩子知道自己冷不冷，父母要赋予孩子掌控自己的权利。父母要及时从冲突中退出，转移注意力，或引起孩子帮忙的兴趣，如询问孩子今天的开心事、请孩子帮忙拿手包等，孩子有可能变得合作。

（三）报复

第三种行为目的就是报复。当孩子的某些行为让父母感到伤心、难过、讨厌等，孩子的行为目的就是报复。对于报复的孩子，其实是他感觉受到深深的伤害，他觉得没有人爱我，觉得在这个世界上大家都不爱我，大家都伤害我，所以我也要伤害你们，让你们觉得我讨厌。

我曾经训练的一个孩子，他在学校上课捣乱，下课跟同学打架，老师把他叫到办公室，批评他，孩子口服心不服，他觉得是别人先招惹自己的，他不认为自己做错了，虽然在老师的强势下，他向对方承认"对不起，我错了"。但实际上他心里根本就不服，到中午吃饭的时候，他就往大家喝的汤里撒了一把土，结果全班同学都不能喝这个汤了。他的这种做法让老师和同学都觉得他特别讨厌，这种行为无法忍受，孩子这种行为背后的目的就是报复。

对于报复的孩子，父母要知道首先是他觉得受到了伤害，如果我们还用那种通常的方法，如刚才这个孩子他撒了土，老师就狠狠地训斥了他，而且把父母找来，父母再训这个孩子，回家后还要严加管教，这种"以其人之道，还治其人之身"的办法，只能强化孩子这种被伤害的感觉和报复的行为，这个孩子以后还会经常干一些不好的事情，如关老师的投影、在同学的铅笔盒里倒上水、把花盆推下去、藏同学的文具等。这种行为持续一段时间以后，就会进到自暴自弃了。

还有一个孩子，妈妈在他的书包里发现了 200 元钱，就问他这 200 元钱哪儿来的，孩子就不说，后来发现这 200 元钱是他从低年级同学那儿抢来的，父母就狠狠地揍了他，体罚他，并且罚他一个礼拜不许看电视，不许玩游戏。这都属于"以其人之道，还治其人之身"，孩子本来就觉得受到伤害才会出现报复的行为，父母用这种惩罚的方式继续伤害他，那么他就会觉得"哼！你们就是用这种方式对我的，你们就是要伤害我的，我也一定要伤害你们"。当然，他不敢伤害父母，就会去伤害同学，他会打架、撒谎等。对于报复的孩子，父母一定要停止批评和责罚，而应该采取相应的方式，让孩子感觉被爱，当孩子感觉到被爱的时候，他才会有好的行为出现。因此，对于想要报复的孩子，父母一定要停止"以其人之道，还治其人之身"，不要再用惩罚的方法，继续让这种行为恶化。

（四）自暴自弃

第四种就是自暴自弃。当父母对孩子极度失望，感到要放弃的时候，孩子的行为目的就是自暴自弃。自暴自弃的孩子已经完全丧失了在好的世界里去努力的意图，放弃了追求归属感和一席之地，他把自己从好的世界里完全驱逐出去，他也让父母、老师、同学觉得他是一个无可救药的人。

对于自暴自弃的孩子，父母要用放大镜去找他身上点滴的进步，去找他的一点点努力，如一个孩子语文考了 12 分，老师说："你怎么才考 12 分？"他说："我根本就不爱学语文，我没认真学。"老师说："你没认真学就能考 12 分，说明你在这方面很有潜质。"后来这个孩子考了 20 分，老师又说："你稍微努力一点，就多考了 8 分，太厉害了！"这就是用放大镜找孩子身上的优点和努力，孩子会因受到鼓励而重新燃起希望。

还有一个孩子，一篇描红能写 4 个小时，其实这篇描红 15 分钟就应该写完，他坐在桌旁就是不写。因为他认为自己不可能写完这个作业。还有一个孩子要背古诗，老师第二天检查，结果孩子从 3 点钟一直哭到 7 点钟，他认为自己根本就不可能背完。

这些孩子出现自暴自弃的行为，或者在学习上的习得性无助，通常都是经历了吸引注意、争取权利、报复等三种行为目的，因为父母不了解他们的行为密码，给予了错误的回应，孩子的行为目的都没有达到，逐渐地发展到这种自暴自弃的无助状态。

（五）抓住关键点：父母生气意味着孩子的行为不再有建设性

在吸引注意的层面，父母要忽视孩子不好的行为，而主动关注到孩子好的行为，因为只有在吸引注意的层面才有好的、建设性的行为。父母生气以后，孩子的行为都是不好的、破坏性的。

对于争取权利的孩子，父母要控制好自己的情绪，从冲突中退出，引起孩子帮忙或者转移注意力，激发孩子合作的意愿。

对于报复的孩子，虽然父母感到很伤心，感到孩子这个行为很讨厌，首先要让自己的情绪得到恢复，好好照顾自己，然后再帮助孩子。因为父母这个时候已经受伤了，一个受伤的人没有办法帮助另一个受伤的人。对于孩子报复的行为目的，父母先不要管孩子，而要先保护好自己的情绪，等自己情绪稳定后再想办法帮助孩子。

对于自暴自弃的孩子，父母要重新燃起希望，用放大镜去找孩子身上的点滴进步，找到他身上的闪光点。如果父母没有办法帮助到孩子的话，一定要及时寻找专业的心理医生或者心理咨询师来帮助孩子。

（六）慧眼辨识好行为

通过以上对孩子行为目的的分析，父母就会知道孩子表现出偏差行为，是因为父母不了解孩子的行为密码，不知道这些行为背后其实有一个想要获得肯定的愿望，即获得父母和老师的接纳。当他用好的行为达不到行为目的时，才会出现各种偏差行为。

父母教育的核心就是引导孩子用正向行为来达到行为目的，要鼓励孩子有所贡献，可以让孩子分担家务事、完成一些任务，如小孩子可能帮忙摆碗筷，大一点了可能帮忙倒垃圾，再大一点的就可以帮父母收拾房间等。当孩子帮忙做事情，对家庭有所贡献的时候，父母要肯定他的努力和付出，而不要评价孩子的行为结果，不要说"怎么做得这么差""怎么洗碗到处都是水""洗一个碗，把一瓶洗涤灵都用完了，这不是太浪费了嘛"等丧气的话。

不要挑剔孩子的行为是否标准，而要关注孩子的贡献和付出，要对孩子的努力和进步给予肯定，这样才能引导孩子的正向行为，让孩子用好的行为在吸引注意这个层面上就得到关注。

了解孩子的行为目的以后，父母要"睁一只眼，闭一只眼"，对孩子的好行为要睁眼，对孩子的不好行为要闭眼。主动关注孩子好的行为，好的行为重复以后就会成为好的习惯，而好的习惯重复多了就会成为好的性格，性格决定命运，这也是我们的教育目标，鼓励孩子成为幸福的普通人。

第四章

儿童时间管理效能：父母的情绪管理

一、我能不生气吗：看到孩子行为的两面性

有一位禅师很喜欢养兰花。有一次他外出云游，就把兰花交给徒弟照料。徒弟知道这是师傅的爱物，于是也小心照顾，兰花一直生长得很好。可是就在禅师回来的前一天，他不小心把兰花摔到地上，兰花摔坏了。徒弟非常担心，他自己受罚倒不要紧，他害怕师傅会生气伤心。禅师回来以后知道了，并没有生气，也没有惩罚徒弟，他说："我当初种兰花，不是为了今天生气的。"这就是《禅师和兰花》的故事。

（一）三块巧克力的故事：养孩子不是为了生气的

作为父母，我们当初养孩子是为了生气吗？当然不是。父母怎么面对自己的情绪呢？我再给大家讲一个三块巧克力的故事，故事中小主人公是一个小男孩，他特别的活泼好动，他喜欢在家里的客厅里玩篮球，每次玩篮球妈妈都及时制止他，妈妈就怕他玩篮球时打碎家里的玻璃，或者电器。而且他家里有一个特别珍贵的古董花瓶，是他们家的传家宝，每次小男孩玩篮球时，妈妈就提心吊胆，并及时制止他。

孩子被制止以后还会玩，从前面的行为目的分析中，大家就知道为什么这样。有一天，小男孩发现妈妈没在家，他就痛痛快快在家里玩篮球，特别开心，真的很不巧，篮球把花瓶碰掉了，更不巧的是这个花瓶的瓶口掉了一块。

小男孩非常害怕，心想怎么办？妈妈回来怎么说呢？他急中生智，把瓶口掉的这一块用胶水粘上了，而且把破的一面朝向里面，表面看这个花瓶挺好的。孩子就安心了，等到晚上吃饭的时候，妈妈问他为什么花瓶破了？妈妈每天回家都要擦拭这个花瓶，所以早就发现了。小男孩的心一下子就提起来了，他说："妈妈，你知道吗？有一只猫从窗户外面蹦进来了，蹦来蹦去的

就把花瓶给碰掉了。"

妈妈看了一下孩子，没有说什么，孩子觉得躲过了一劫。等到晚上睡觉的时候，妈妈让他到书房来一下。小男孩的心又提起来了，他心想："糟糕了，被妈妈发现了，怎么办？"最后这个孩子下定决心，打死我也不承认！

带着这样坚定的信念，小男孩就去见妈妈，结果妈妈并没有生气，反而拿出一块巧克力给他。妈妈说："我要奖励你一块巧克力，因为你有一个神奇的想象力，你创造了一只会开窗户的猫，妈妈觉得你将来肯定能当一个侦探小说家。"紧接着，妈妈又拿出第二块巧克力说："妈妈还要奖励你一块巧克力，因为你动手能力特别强，你用普通的胶水把这个花瓶粘得很好，不仔细看还真是看不出来。"孩子有点忐忑了，妈妈又拿出第三块巧克力说："妈妈还要奖励你一块巧克力，因为妈妈要跟你说声对不起，妈妈明明知道自己有一个活泼好动的儿子，可是却把花瓶放到那么容易碰到的地方，每次都是制止你不要在这里玩，却从来没有想过我应该把花瓶换一个安全的地方。"

故事到这儿就结束了，可是却对小男孩未来的生活产生了深远的影响。每次他想说假话的时候，那三块巧克力就像警灯一样提醒他：我要做一个诚实的人。

（二）孩子行为的两面性

从三块巧克力的故事里我们可以看到，妈妈刚开始的时候，即听到孩子说假话的时候，妈妈应该是生气了，但是妈妈没有发作起来，等到自己平静以后，妈妈想到孩子行为的另一面，即孩子好的行为。

孩子行为具有两面性，从这个小男孩身上我们可以看出孩子行为不好的一面：一是不听话，不让在客厅玩篮球，孩子还玩；二是搞破坏，把那么贵重的花瓶给破坏了；三是撒谎、说假话，父母都不能容忍孩子做了坏事不承认。

当父母看到孩子的问题行为时，通常都会生气的，这是很正常的。关键在于生气之后要思考几个问题，首先是我们如何表达自己的情绪？我们的目标是什么？我养孩子是为了生气吗？我能不生气吗？我能不能平静以后再和孩子沟通？我能否看到孩子的行为还有另一个面？

就像故事中的妈妈，她没有发脾气，而是冷静以后，看到这个孩子行为的另一个面，即神奇的想象力、很棒的动手修复能力，还有妈妈对自我教育的反省：我是否好好地教育孩子？我是否担起做妈妈的责任？我是否认真学习如何做父母？

从孩子行为的两面性，我们知道孩子一面是问题行为，另一面是好的行为。父母很容易就看到孩子的问题行为，接着就生气了。父母生气的时候通常都会责问孩子，你为什么这样？你为什么不听话？你为什么说假话？为什么告诉你不要玩你还玩？越说越生气。如果我们能够控制好自己的情绪，平静以后找到孩子行为的另一面，也能帮助孩子发现自己行为的另一面，那么孩子就会在沟通过程中学习到：我要做一个诚实的人。从而培养孩子更好的表现，形成好的习惯和好的性格。

二、为什么父母和孩子互相抱怨

（一）父母眼中的孩子

父母常常会抱怨孩子，以下是典型的句型：

- 为什么这个孩子越大越不听话？你刚想跟他说几句话他扭头就走，特别不耐烦。

- 有的孩子呢，就是你一让他去学习，他就会说："学习，学习，就知道学习，嘴里就没有一点别的。"

- 我的孩子跟别人说，我对他们特别的不好，我总是要求他、批评他，只是在他考试好的时候才表扬他。

- 孩子在外面交了不三不四的朋友，每次跟他说不要跟这些人玩的时候，孩子就说我干涉他，说我们总是对他管三管四的。

（二）孩子眼中的父母

孩子们对父母也有很多不满：

- 在家里一点自由都没有，你刚想关上门，父母就开门进来，借口说给你喝点水，给你吃点水果。其实他们就是想监视我们，看看我们是不是在学习。

- 我一关上门，他就觉得我在屋里玩游戏，他就觉得我根本不是在学习，对我一点信任也没有。

- 还有的孩子说现在网络这么流行了，我一天到晚地学习，学习累了就想上网看看有什么新闻，想跟同学聊聊天，我妈妈过来就说不要玩，你怎么总是在玩？实际上我没有总是在玩，我一直在学习，她一点都看不到，甚至把我家的网都给断了，把我的手机也没收了，根本就不让我玩。

- 就因为我昨天玩了一会儿游戏，妈妈就把网给我关了，还把我们家的网络设上密码，这些密码我看一眼就知道怎么破了，太小儿科了，我就要玩，我就要看电视。

- 我在看电视的时候，耳朵就听着外面的动静，我妈妈快回来的时候我就把电视关上。有一次被我妈妈发现了，她回来的时候说你看电视了吗？我说我没看啊，然后妈妈说为什么电视是热的？结果我就知道了，下一次在她回来之前，就把电视关了，然后就用湿布把电视擦一擦，电视很快就凉了。

- 我妈妈整天到晚提心吊胆的，我就多看女同学几眼（或者多看男同学几眼），他们就觉得我早恋，然后就问三问四的。轻则讲道，重则严刑逼供，非要说我是早恋不可，其实根本就没有。我们只不过是好朋友而已，我们同学都是这样子的，都在说谁跟谁好、谁喜欢谁等，有什么了不起的？太大惊小怪了。

- 我就喜欢穿得好看一点，我就不喜欢那件红衣服，那件红衣服穿到学校的时候，同学都说我太女性化了，可是妈妈非得说，这件衣服这么贵买给你，你当时也喜欢的，为什么现在非得不穿呢？我就不想穿！

（三）父母和孩子彼此抱怨为哪般

为什么孩子们在抱怨父母，而父母也在抱怨孩子们？原因就是父母通常都有一些传统的理念，导致父母不理解自己的孩子。

如一个小女孩，上小学六年级，她每天早晨 6:40 起床就可以，但是她想在床上多躺 10 分钟，因而把闹钟定在 6:30。而妈妈认为她 6:40 起床，就应该把闹钟定在 6:40，这样就能多睡 10 分钟，在床上多待 10 分钟没有任何意义。早晨闹钟响了，小女孩以为 6:30，就舒舒服服地享受在床上的 10 分钟，很惬意。当闹钟显示 6:40 时，小女孩开始起床穿衣服。起床后发现客厅的表已经快七点了，孩子很诧异，问了妈妈才知道妈妈已经偷偷地把闹钟时间给调了。孩子特别生气，连早饭都没时间吃，临走的时候，跟妈妈说："你就是一个百德伍曼。"百德伍曼即 bad woman，小女孩觉得妈妈这么做就是一个坏女人。妈妈也很伤心，觉得我不是为她好吗？我不就想让她多睡 10 分钟吗？她怎么能这样对我？妈妈有没有想过，当你调整孩子闹钟的时候，是否真的是一个百德伍曼呢？表面上父母虽然是为了孩子好，实际上是不尊重孩子，何尝又不是为了满足自己的控制欲？

当我们看到孩子行为不好的一面时，我们通常就会伤心、难过、沮丧、生气，我们以为是孩子不听话、不按照我们的要求去做才导致我们生气。实际上孩子不听话只是导火索，真正让我们生气的是我们内在的想法和价值观。

三、父母的四种负向想法导致他们情绪失控

要了解父母对孩子的期望，就要澄清自己的价值观。父母对孩子通常有四种负向的想法：第一个是严重不幸；第二个是应该／必须；第三个是无法／不能；第四个是自责内疚。以下我们详细分析这四种负向想法对父母的影响是怎样的。

父母自身在成长过程中，认为负向情绪是不好的，不应该伤心、难过，也不应该生气。因此，当我们有这些负向情绪的时候，习惯性用两种方法解决：一种是压抑下去；另一种是发泄出来。

压抑所产生的自残现象随处可见，而发泄就是把点的战斗变成了面的战争。面对这些负向情绪，父母只会这两种表达负向情绪的方法。当他们面对孩子不听话时，父母不知所措。

（一）严重不幸

父母的负向想法，如严重不幸，导致他产生负向情绪，因为父母认为孩子现在的不好表现，如果不及时制止，将来就会非常严重，导致不幸的大危害。

　　如前文中小女孩的例子，妈妈觉得孩子要是每天少睡 10 分钟，上课就会发困，就会影响到听讲，将来也会影响身体；再如，如果孩子现在就撒谎，将来他就是一个品德不好的人。具体句型就是："他现在就这样，将来还不……"，因此忧心忡忡。

　　再如一个小男孩，妈妈让他每天必须喝一壶水。这个孩子早晨把水带到学校，晚上回来的时候，水还剩大半。妈妈每天都提醒他要喝水，有时候甚至训斥他："你怎么不喝水。"后来发现这个孩子每天回来水壶都空了，妈妈觉得很高兴。偶然的一天妈妈感觉异常，就问孩子："水都喝了，怎么还上火。"原来孩子担心父母说他，就把水倒掉了。开始的时候父母说你告诉我们实话，我们不会生气，结果孩子说了实话以后，父母都很生气，孩子说你们答应了不生气的，父母说你做错了、说谎，还顶嘴。对孩子一通训斥，爸爸甚至说："你也就是小，你刚 7 岁，你要是 15 岁，就得送少管所去，你这属于品德问题。"父母觉得孩子这么小就知道骗人，将来还怎么得了啊！

　　还有一个小男孩，每次考试都不理想，刚开始的时候是八九十分，父母就总训斥他。慢慢地这个孩子考试成绩就变成了六七十分，有一次孩子考试不及格，回家以后就把卷子藏起来，结果还是被爸爸发现了，被痛揍一顿。爸爸说你要再考不好就别回来了，你就不是我儿子。过了几天，这个孩子考试又考得不太好，回家的时候他就没有拿回卷子。妈妈先问他："卷子呢？"孩子说不知道，找不到了。结果妈妈就翻他的书包，翻来翻去在书包的夹层里找到了卷子，发现这个卷子是 96 分。妈妈说："考得这么好，为什么不拿给妈妈看呢？"孩子就一直低着头，什么都没有说。等到晚上孩子已经睡了，妈妈翻看班级的微信群，发现有一个孩子的父母问有谁发现她家孩子的卷子了？妈妈马上就觉得不对劲，赶紧看自己孩子的卷子，仔细观察之后，妈妈发现儿子的卷子上确实在名字和学号的地方有涂改的迹象，这张卷子的字体跟自己儿子的字体简直一模一样。妈妈看到这里就很生气，她立刻把孩子从床上揪起来，大声地训斥他："这卷子是你的吗？"孩子马上就哭了，他跪在妈妈面前说："妈妈，我跟你说实话，这卷子不是我的，是我同学的，但是爸爸说我如果再考这么差，他就不要我了，我特别害怕。"本来怒气冲冲的妈妈，看到儿子可怜的样子，她的气瞬间就消了，取而代之的是无尽的担心和沮丧。

当孩子犯了错误，如考试没考好，这种"严重不幸"的想法，让父母立即就想到他将来可能是没有价值的人，因此在情急之下就会说一些狠话，而孩子也会对这些狠话非常当真，可能做出更不好的行为。像这个孩子，因为没考好被父母批评、责罚，就开始藏卷子、拿别人的卷子、撒谎等。

其实父母可以告诉自己，孩子的成长就是犯错误的过程，他们在成长中，错误在所难免的，没有什么大不了。按照心理学家桑代克的观点，孩子的成长就是尝试错误、错误递减的过程。随着不断地尝试错误，今天错了 10 次，明天错 8 次，后天错 7 次……慢慢地错误可能就变成 0 了，孩子就掌握了这项技能。

孩子的成长就是一个不断犯错误的过程，当他犯错误的时候，恰恰是最需要鼓励的，需要父母看到他的努力和进步。也许他把新买的玩具拆了，也许他把新买的手机给砸坏了，父母要先等一等，听一听孩子是怎么想的，他为什么这么做，他的出发点是什么。当我们看到孩子的出发点，并且把这个出发点肯定出来，就是看到孩子行为好的一面，像三块巧克力的故事，妈妈看到孩子神奇的想象力、杰出的动手能力，当妈妈把孩子好的行为说出来以后，孩子会自动修正自己的错误。如果父母允许孩子犯错，孩子就勇于尝试，敢于犯错，乐于改正，也愿意承担责任。

我们不要觉得孩子犯错就是严重不幸，不要觉得孩子现在磨蹭拖拉，将来就是一个没有时间观念的人；不要觉得孩子现在爱发脾气，将来肯定就是一个脾气暴躁的人；不要觉得孩子现在不敢举手，将来肯定就是一个唯唯诺诺的人。其实这都是不成立的，我们只要给孩子充分的信任，相信孩子虽然做错了，通过父母的鼓励，他会愿意再尝试，他的错误就有机会慢慢变少。如果孩子做错了，父母立即批评他，孩子就会为了逃避批评而不再去尝试，甚至为了逃避责罚而说假话，反而助长了孩子这些偏差行为。

（二）应该 / 必须

第二个负向想法就是应该 / 必须。父母觉得孩子不应该犯错误，错误必须被校正，如果不严厉批评他，他就不会改过向善。

有一天小男孩跟妈妈说："我不想去上学了。"妈妈说："作为学生，你怎么能不上学呢？我们去上班，你就必须去上学。"孩子就躺在床上，不肯起来，父母就把他拖起来，拉到学校。在学校门口老师也把他带到学校里面去了，可是没过半小时，老师就打电话给父母说："你们把孩子接回去吧，这孩子一直大哭大嚷的，我们根本没有办法上课。"没办法，父母就把孩子接回家，告诉孩子："你好好想一想，你要是不去上学，你就没有饭吃。"孩子说："我就不想去上学，我就不去。"父母真的不给他饭吃，只给他水喝，这个孩子第一天就只喝水。第二天孩子还是不去上学，父母也开始担心了，孩子已经饿了一天，第二天如果还不给饭吃，会不会饿出毛病来啊。就跟孩子说："如果你不上学，你还可以劳动，不劳动者不得食，作为学生，你应该去上学，不上学你在家里就干活吧，你干一些家务活来挣你的饭，你把家里打扫干净，挣最简单的饭，如把所有的地擦一遍，给你一个馒头。"这个孩子宁肯在家里干活，吃一个馒头，也不去上学。

到第三天的时候，这个小男孩的妈妈问我："怎么办，孩子已经在家里饿了两天了。"我说："你这种以其人之道还治其人之身的办法，只会加重孩子不被爱的感觉，如果是我，不会这样惩罚他，我会积极倾听孩子的心声，看看他到底发生了什么事。"

妈妈跟孩子沟通的时候发现，原来孩子不上学是有原因的。这个孩子自尊心很强，是一个特别要面子的孩子，可是前几天，科学课老师批评他，说他成心捣乱，制作的东西一点创意都没有，而且还说他把一个什么东西弄坏了，让他必须赔。孩子知道那天又有科学课，他很害怕，就不敢去上学，他也不敢跟父母说他犯了错误，他怕父母会更加严厉地责罚他。因为这个孩子是在严厉的环境中长大的，他不相信父母会帮他，所以他就想逃避，不上学。

当父母了解到具体情况后，放弃了对孩子的惩罚，孩子感受到父母的爱，同时也知道应该对自己做错的事情负责任，他就去上学了。

面对孩子的各种状况，如不上学、打架、撒谎等，当父母头脑中冒出"应该／必须"的时候，要缓一缓，听一听孩子到底发生了什么事情，然后有针对性地帮助他。否则，就错失了教育孩子的良机，造成不必要的困扰，更可能耽误孩子的成长。

（三）无法／不能

第三个观念就是"无法／不能"，父母就觉得我无法忍受孩子犯错，更不能放纵孩子错下去。其实这个观念也是有待商榷的，孩子在成长中，不断地犯错误才是正常的，不会因为父母是否能容忍而稍有改变。

有一个孩子稍微有一点儿抽动症，他的神经常常不受控制地动起来，影响他的学习和作业，他的作业常常写不完。当他的神经动起来的时候，他就要活动一下子。妈妈了解这个情况以后，对孩子的宽容度增加。有一天，孩子正在写作业，外面下起了雨，孩子就跟妈妈说要到外面骑自行车。以前妈妈按照这种"无法／不能"的观念，觉得作为学生，你正在写作业，我不能让你去外面骑自行车，我无法忍受孩子做事半途而废。所以孩子以前都是被压抑的，作业也经常不能按时完成。这一次妈妈换了一种方式，说："好吧，我想一想。"妈妈仔细思考，想到孩子出去淋雨有可能带来的后果是什么呢？有可能会因为淋雨而感冒，有可能因为骑自行车耽误了写作业的时间，妈妈权衡了这两件事情以后，就跟孩子说："你出去骑自行车是可以的，可是你要答应我一个条件，因为骑自行车被淋雨有可能会感冒，所以回来你一定要喝一碗热姜汤。"这个孩子最不爱喝热姜汤，每次妈妈让他喝的时候他都说太辣了，能不能只放糖不要放姜？这一次孩子乖乖地答应了。然后孩子就到外面痛痛快快地骑自行车了，骑了十几分钟以后回来了，像个落汤鸡，赶紧洗了个热水澡，然后毫不犹豫地喝了这碗热姜汤，而且喝完以后说："妈妈，我要写作业了。"孩子快速地完成了作业，很认真。

当我们能克服自己这种"无法／不能"的负向想法，允许孩子有一点点小偷懒，允许孩子有一点点开小差的时候，孩子内在需求被满足，会变得更合作，能专心写作业，效率也更高。因为孩子的神经得到了镇定之后，生理上就会更专注，而且他得到了妈妈的认可和尊重，心理上也被肯定和接纳，这种以尊重和信任为基础的爱的力量是无穷的。

（四）自责内疚

第四个负向的想法就是"自责内疚"。很多时候孩子表现不好，父母就会觉得是自己做得不好，特别自责。这种自责又会变成对孩子更高的要求。如孩子在家里写作业慢、在学校被老师批评、考试没有考好、家长会孩子被点名批评，或者是老师表扬的名单里面，学习好的、纪律好的、运动好的等所有的表扬里面都没有你的孩子的时候，你的头越来越低，觉得自己没有尽到父母的职责，没有像其他父母那样陪孩子写作业、上课后班，没有帮助孩子检查作业，严厉地督促孩子学习等。这种自责和内疚不仅让父母觉得自己一无是处，而且无形中放大了孩子的问题，看不到孩子的优势和资源，一叶障目，带着这种负担，孩子的表现会更差。

我们要允许孩子犯错，允许孩子在成长过程中没有达到那么好。他没有那么好，并不代表我失败。对于很多全职妈妈来说，当孩子出现问题，尤其爸爸会说："你整天待在家里，这孩子怎么让你惯成这个样子。"一句话就把妈妈打败，并不是这句话把妈妈打败的，而是这句话引起的"自责和内疚"让妈妈无地自容。所以我们要把这个观念抛掉，这是一个错误的观念，孩子在成长中就会犯错的，我们只要学习父母效能，持之以恒去实践，一定会等到孩子成功的一天。

四、父母管教模式对孩子的影响

父母的四种负向想法，严重不幸、应该/必须、无法/不能、自责内疚等，会产生以下几种不利于孩子成长的父母管教模式。

（一）权威派和放任派

我们都知道，父母要求孩子做一件事情，孩子不做的时候，父母就会再次要求孩子做。如果孩子服从了，大家就会很高兴，如果孩子不服从，父母就会再次要求，多次要求以后，孩子要么被强迫做这件事情，要么就放弃了，这个过程就产生了孩子的逆反。在这个逆反的过程中，有两种父母：一种是权威派；另一种是放任派，如图 4-1 所示。

家长	孩子	家长	孩子	家长	孩子	家长
要求 ➞	服从，很好					
	置若罔闻 ➞	要求！➞	服从，好			
			依然不听！➞	再要求！➞	服从，好吧	
					还是不听！！➞	强迫/放弃

┌────────────────┐   ┌────────────────┐
│   权威派   │ VS   │   放任派   │
└────────────────┘   └────────────────┘

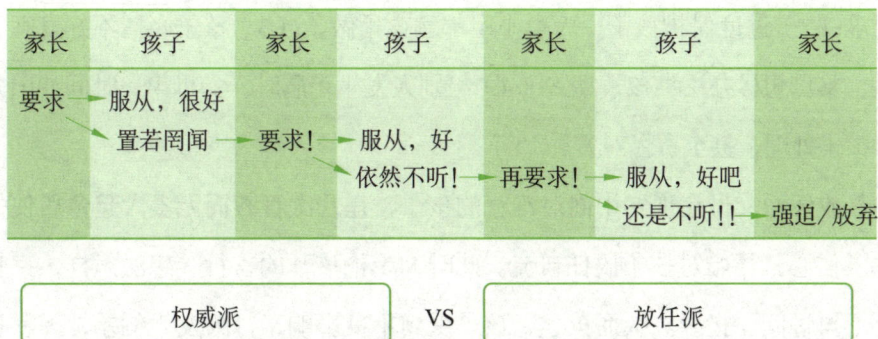

图 4-1　父母的做法导致孩子逆反

1. 权威派

权威派的观点认为父母是权威的，孩子必须要听从父母的安排，服从父母的管教，坚信"棍棒底下出孝子""不打不成才"。

权威派具体的做法是：（1）发现孩子的"异常"行为马上禁止；（2）随意翻看孩子的物品（书包、抽屉、日记等）；（3）孩子不听话或顶嘴时，马上处罚、责骂甚至动手打；（4）严格限制和监控孩子的行动。权威派认为孩子如果不改过向善，将来就会成为一个品德不好的人。

权威派父母面对孩子的叛逆言行，如顶嘴、不听话等，大为恼火，觉得不把孩子的这股"邪劲"压下去，孩子就有可能变坏。于是家长要么严厉惩罚孩子，要么表现出伤心欲绝的样子，用眼泪换取孩子的顺从。渐渐地，孩子表面上恢复了以前那个言听计从的孩子，实际上他已经关上了心灵深处那扇与父母交流的大门。

2. 放任派

放任派的观点认为，孩子还小不懂事，遇到麻烦不会处理，所以发脾气很正常，父母多顺着他点就好了，等他再长大点就懂事了。

放任派父母的具体做法是：（1）满足孩子的各种需求，尤其是物质上的要求;(2)过度保护孩子,大事小事都替孩子做了;(3)孩子心情不好发脾气时,父母想尽办法哄孩子高兴;(4)与别人发生矛盾时,父母第一时间冲出去替孩子处理,甚至责怪对方。

放任派父母在现实中面对难管的孩子,在几次管教而无多大起色后便失去了信心,开始对孩子放任自流。此时,无论孩子的言行、想法怎样,家长都不再过问、指导。久而久之,孩子受到不良影响,行为发生偏差,等家长发现时,已耽误了孩子的一生。

(二)四大父母管教模式

除了权威派和放任派以外,父母还可以参考以下四种父母管教模式来调整自己的教育。根据"温暖支持"的多少和"指导要求"的高低,分为民主、权威、忽视、溺爱四种父母管教模式,其中溺爱又分为两种,分别是过度保护型和放任型,如图4-2所示。

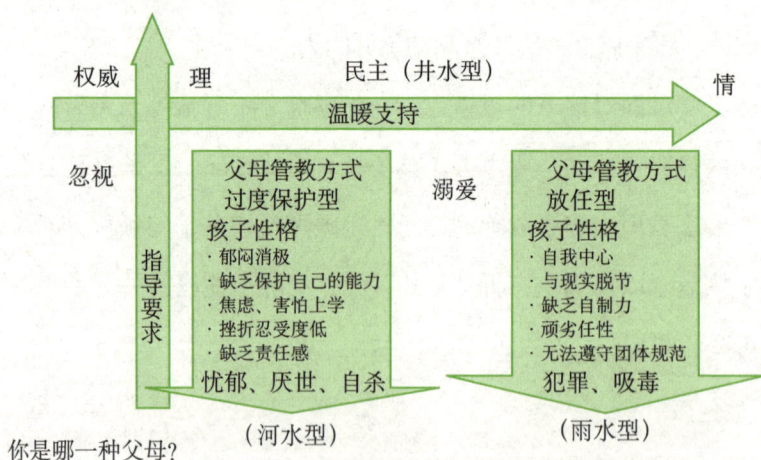

图4-2　父母的四大管教模式与管教结果

父母对孩子过度保护,容易导致孩子的性格出现以下问题:(1)郁闷消极；（2）缺乏保护自己的能力；（3）焦虑、害怕上学；（4）挫折忍受度低；（5）缺乏责任感。严重的会出现忧郁、厌世、自杀。

父母对孩子放任不管，容易导致孩子性格出现以下问题：（1）自我中心；（2）与现实脱节；（3）缺乏自制力；（4）顽劣任性；（5）无法遵守团体规范。严重者会犯罪、吸毒等。

（三）河水型、雨水型、井水型父母

根据父母温暖支持，即爱的表达方式分为以下几种父母管教模式，分别是河水型、雨水型、井水型父母，如图4-2所示。

1. 河水型父母

对子女的爱，就像是河水一样涓涓不壅、永不枯竭，中国的父母绝大多数属于这个类型。这个类型的爱，往往是无怨无悔地给予。孩子在这类父母的心中，永远是个小婴孩，而且是无助的小婴儿。

这类父母舍不得让孩子吃苦，不愿让孩子长大独立，不要他展翅高飞。完全没考虑到这样的爱是否会像泥石流般让他灭顶，仍然源源不断地席卷而来。因此，这一类型的爱，在掌握不良时往往会产生"妈宝"，让孩子成为依附父母一辈子的藤蔓。

2. 雨水型父母

给人的感觉可能是希望自己是孩子的及时雨，永远在孩子最困苦的时候拉他一把的那个人。

然而，这里所谓的雨水，是比拟父母用自己特殊的形态与方法来爱孩子、教养孩子。

想想看，我们一年中雨水的分布情形，有细雨绵绵的梅雨季节，有狂风

骤雨的台风季节，有午后毫无预警的阵雨，有雷电交加的雨夜，也有望穿秋水没有一滴雨的干旱季节……如果父母对子女的教养方式像雨水一样形态不定，给予子女的爱完全依当时的心情而定：高兴时，对孩子像对玩具一样，又搂又抱，好好把玩；不高兴时，不理不睬，撇在一边；生气时，孩子是最方便的出气筒，高声责骂，甚至拳打脚踢、家法伺候等。

孩子天天生活在这样阴晴不定的惶恐不安中，当他长大成人之后，是成为身心健全、头脑峥嵘的青年人，还是会将过往的成长模式同样加诸在生活圈中的人们身上？或是因自责心理，而放任自己的人生自生自灭、自暴自弃，从来没有机会认识自己的本质、发挥自己的潜能，抑郁自残地过着扭曲的一生？

3. 井水型父母

他们像一口充沛的井，他们的关怀支持永远是丰盈不匮乏的。他们不是不断地给予，而是等待孩子有需求时可以随时来取。

当孩子需要援助时，他永远在旁边打气、鼓励；当孩子要求独立成长时，也会尊重孩子的人格特质、兴趣与独特性；在该善尽职责、教养孩子时，会加强道德观、价值观的灌输与情商的培育；在孩子想展翅高飞时，也舍得让孩子独自单飞，做他羽翼下的清风，相信他的梦想，放手让他描绘，建构自己的理想天地。

这就是民主父母，让孩子做自己的主人，父母只是从旁协助、陪伴成长。

五、父母不生气的两个法宝

当父母生气时，常常会说："孩子，因为你不听话，所以我才生气了。"看似孩子不听话引起了父母生气，实际上父母有四种负向的想法，正是这些想法才导致父母生气的，而不是孩子的行为导致的。

如三块巧克力的故事中的妈妈，当她看到孩子不听话，觉得他搞破坏，还撒谎，这些都是不好的行为，她自然就会生气了。生气很正常，关键是如何表达自己的情绪。当妈妈换一个想法，看到孩子好的一面，有神奇的想象力，还有杰出的修复能力，而且妈妈还对自我进行反省。当妈妈有这样积极的想法的时候，不仅妈妈不再生气，而且孩子也会受到教育，从错误中学习，自己感悟出"我要做一个诚实的人"。

所以父母不生气的法宝有两个：一是生气的权利在自己，你可以决定自己选择哪一种想法，是积极的想法还是消极的想法来看孩子；二是你也可以判断一下自己的想法是否正确，那些严重不幸、应该 / 必须、无法 / 不能、自责内疚等是否正确。有了这两个法宝，父母就会理智地看待自己的生气，有可能更好地管理自己的情绪。

我们来看一个故事，这是一个美国的故事。不过，故事发生的时候，这个地方还不能叫美国，只能叫英国的北美殖民地。在一个种植园主的家里，有一个不满 10 岁的孩子。这一天孩子的父亲带回来一把小斧子。他把斧子放在家里，自己有别的事情出去了。

这孩子觉得那把斧子很可爱，就把它拿在手里玩起来，斧子闪着光亮，究竟快不快呢？他想试一试。他家房子后面有一个樱桃园。在孩子的眼中，这就是一个树林。樱桃树也是树，和别的树一样。孩子看见过大人用斧子砍树，他也要学样。砍哪一棵呢？他选了一棵最细的，用力挥动斧子砍下去，想不到一下子就把那棵树砍断了。

孩子感到自己可能是闯了祸，赶快把斧子放回原处。父亲回到家里，发现樱桃树被砍掉一棵，这一棵正是一个好品种，是他最喜爱的。正在父亲发怒、查问是谁干的错事时，孩子走到父亲身边说："爸爸，是我。"父亲了解清楚情况之后，没有责罚孩子。他把孩子搂在怀里说："我为你的诚实高兴，因为这是比 100 棵樱桃树还要宝贵的东西。"

这个孩子名叫乔治·华盛顿。他后来成了北美起义部队的总司令。在他的领导下，打败了英国殖民者，实现了美国的独立，华盛顿被选为美国第一任总统，现在美国的首都华盛顿就是以他的名字命名的。华盛顿的父亲希望儿子做一个诚实的人，的确很有道理。诚实是一切有道德的人都必须具备的重要品质。

华盛顿的父亲掌握了不生气的两大法宝：一是做自己情绪的主人，拥有掌控生气的权利，不会被自己的情绪所左右；二是他选择用积极的想法替代消极的想法，如他不认为华盛顿砍了樱桃树的行为是严重不幸、无法忍受的，因为他认为诚实比 100 棵樱桃树还要宝贵，因此他能够宽容孩子的错误，也不会对自己没有告诉孩子这是一棵好品种的樱桃树，或者为自己没有放置好斧子而自责内疚等，在华盛顿父亲的心中，那些消极想法"严重不幸、应该 / 必须、无法 / 不能、自责内疚"等，和孩子的诚实相比都无关紧要了。

面对孩子的错误和诚实，华盛顿父亲及时控制了自己的愤怒，用积极的想法取代了消极的想法，并及时给予孩子鼓励和肯定，孩子也因此学会了担当和诚实，学会了为自己的行为负责任，并最终成就了一番伟业。

六、父母情绪管理决定孩子未来发展

父母都知道诚实会成就一个人，也希望自己的孩子诚实，但是当孩子犯错之后诚实地告诉父母时，父母是否能够真的不生气，并平静地对待孩子的行为，确实需要学习。

（一）当孩子诚实的时候

有一个小男孩，他在家里干了坏事，就跟妈妈说："对不起，妈妈，我做了一件坏事。"妈妈说："没关系，你说说吧。"孩子不敢说，妈妈就说："没关系，妈妈保证不生气。"孩子说："我把咱家的一个玩具给弄坏了，你刚买的，我给拆了。"结果妈妈瞬间就爆发了，说："这么贵的东西，你怎么这么不爱惜玩具。"孩子马上就哭了，说："妈妈，你刚才保证你不生气的，你告诉我你肯定不生气的，你撒谎，我再也不相信你了。"

当孩子诚实的时候，父母如何应对将会决定孩子未来发展的方向。这个妈妈和华盛顿的父亲对孩子的反应截然不同，当然导致不一样的结果。因为孩子的行为具有两面性，三块巧克力故事中的妈妈，她看到孩子身上神奇的想象力、杰出的动手能力，还有妈妈对自我的反省，孩子感悟出"我要做一个诚实的人"。

（二）陶行知先生和四颗糖的故事

陶行知先生和四颗糖的教育故事与三块巧克力的故事有异曲同工之妙。陶行知先生当校长的时候，有一天看到一位男生用砖头砸同学，便将其制止，并叫他到校长办公室去。当陶校长回到办公室时，男孩已经等在那里了。

陶行知先生掏出一颗糖给这位同学，并对他说："这是奖励你的，因为你比我先到办公室。"接着他又掏出一颗糖，说："这也是给你的，我不让你打同学，你立即住手了，说明你尊重我。"男孩将信将疑地接过第二颗糖，陶先生又说道："据我了解，你打同学是因为他欺负女生，说明你很有正义感，我再奖励你一颗糖。"

这时，男孩感动得哭了，说："校长，我错了，同学再不对，我也不能采取这种方式。"陶先生于是又掏出一颗糖:"你已认错了,我再奖励你一颗。我的糖发完了,我们的谈话也结束了。"

没有一句责骂,没有一点非难,明明犯了错误,却得到四颗糖的奖励。表面看起来匪夷所思,实际上正是这四颗糖让孩子感受到了被尊重、被理解,并因感动而发生自我教育。

(三)父母的情绪控制是关键

从陶行知先生和四颗糖的故事中,我们进一步看到孩子行为的两面性:一面是好的;另一面是不好的。我们很容易看到孩子身上不好的地方,我们也很容易因为孩子这些不好的行为而生气、发脾气。我们生气不是因为孩子做了错事,而是因为我们内在的负向想法,或者说我们对孩子有一个很高的期待,希望孩子能够一下子做对,一下子就成为我们心目中的好孩子、好学生。我们觉得孩子从小就做坏事,将来长大肯定是一个不好的人。或者我们觉得孩子现在这样子表现不好,会对我们的面子有很大的影响,甚至我们会觉得孩子不听话是对我们权威的挑战。当我们有这些负向想法时,就会生气了。

父母通常对孩子的这些行为都会生气的,而且会提醒、催促、警告、唠叨、赏善罚恶,仿佛孩子在前面跑,父母在后面追,不断地告诉孩子什么是对的,什么是错的,哪件事要快点做,哪件事不能做,这就是"狼追型"教育。面对孩子的问题,父母通常会生气,生气以后如何保持平静,找到正确的方法才是最重要的。

再举一个例子让大家更清楚地看到孩子的行为变化和父母情绪的变化。有一个小男孩叫小坤,他回家的时候把书包一扔,把袜子、衣服脱得满地都是。妈妈一看就不高兴了,提醒、催促他赶紧把这些东西收好,赶紧写作业。这就是父母通常的做法,我们看到孩子这些不好的行为,就像狼一样在后面催着他，盯着他。

而孩子呢？从行为目的来看，孩子回家以后希望得到的是关注和肯定，如果他表现好，父母认为是应该的，不会关注他。但是当他有不好的行为时，父母马上就会关注他。小坤也是这样，他既要听妈妈的话，把书包拿回自己的房间，内心有不情愿，他就匍匐在地上，用脚勾着书包，匍匐着爬回自己的房间，然后再匍匐着爬出来，再勾一件衣服，继续这样，几次三番以后，妈妈就怒了，还打了他一顿。

被妈妈打了以后，小坤不情愿地开始写作业，一边抹眼泪，一边气哼哼地摔本子、扔橡皮，向妈妈抗议、示威，用行动表明"我要做我的主人，我不想被你控制"。在写作业的时候，用以下几个词语造句，分别是"一……就……""明白""有的……有的……"。小坤造的句子是"我们老师一发威，全班就安静了。""我们老师让我用明白造句，我不会。""我们学校的老师有的胖，有的瘦，有的高，有的矮。"妈妈觉得这样的作业怎么能交上去呢？这要是交上去的话，老师肯定会批评他的。妈妈让他改，他就不改。妈妈苦口婆心地给小坤讲道理，小坤依然不改，妈妈真的受不了，战争爆发了，连爸爸也加入了。

通过这个例子我们也看到，父母对孩子的不合作行为是零容忍的，忍不住地就会去提醒他，当孩子被提醒以后依然不改的话，父母就生气了，然后孩子的行为目的不断升级，从开始的吸引注意，到争取权利、报复，最后就可能到自暴自弃了。

七、父母情绪失控的严重后果

从父母生气，并对孩子发脾气开始，孩子的行为目的就进入争取权利，从那一刻起，孩子就没有好的行为了。父母生气以后的严重后果是什么呢？让我们先来了解费斯汀格法则。

美国社会心理学家费斯汀格有一著名的法则，即被人们称为的"费斯汀格法则"：生活中的10%是由发生在你身上的事情组成，而另外的90%则是由你对所发生的事情如何反应所决定。换言之，生活中有10%的事情是我们无法掌控的，而另外的90%却是我们能掌控的。

费斯汀格在书中举了一个例子。卡斯丁早上起床后洗漱时，随手将自己的高档手表放在洗漱台边，妻子怕被水淋湿了，就随手拿过去放在餐桌上。儿子起床后到餐桌上拿面包时，不小心将手表碰到地上摔坏了。卡斯丁疼爱手表，就照儿子的屁股揍了一顿。然后黑着脸骂了妻子一通。妻子不服气，说是怕水把手表打湿。卡斯丁说他的手表是防水的。于是二人猛烈地斗起嘴来。

一气之下卡斯丁早餐也没有吃，直接开车去了公司，快到公司时突然记起忘了拿公文包，又立刻转回家。可是家中没人，妻子上班去了，儿子上学去了，卡斯丁钥匙留在公文包里，他进不了门，只好打电话给妻子要钥匙。妻子慌慌张张地往家赶时，撞翻了路边的水果摊，摊主拉住她不让她走，要她赔偿，她不得不赔了一笔钱才摆脱。

待门打开拿到公文包回到公司，卡斯丁已迟到了15分钟，挨了上司一顿严厉批评，卡斯丁的心情坏到了极点。下班前又因一件小事，跟同事吵了一架。妻子也因早退被扣除当月全勤奖，儿子这天参加棒球赛，原本夺冠有望，却因心情不好发挥不佳，第一局就被淘汰了。

卡斯丁家倒霉的一天告诉我们，手表摔坏是其中的10%，也就是从卡斯丁洗漱、手表放在洗漱台上，然后妻子帮他拿走，儿子不小心给碰到地上，表摔坏了，这些事情都是不可控制的。后面一系列事情就是另外的90%，卡斯丁、他的太太，还有他的儿子，这些倒霉的事情都是可以控制的。试想，卡斯丁在那 10% 产生后，假如控制情绪，换一种反应，例如，他抚慰儿子："不要紧，儿子，手表摔坏了没事，我拿去修修就好了。"这样儿子高兴，妻子也高兴，他本身心情也好，那么随后的一切就不会发生了。可见，你控制不了前面的 10%，但完全可以通过你的心态与行为决定剩余的 90%。

费斯汀格法则可以广泛应用在孩子成长中，例如小坤，当他回家把书包一扔，袜子、衣服脱得满地都是，这是费斯汀格法则不可控的 10%。看到这个情景的妈妈不高兴了，开始提醒小坤，引发了小坤的行为目的不断升级，逆反不合作，妈妈情绪失去控制，对孩子发脾气，甚至责罚、打骂孩子，小坤的作业一直写到十二点钟，孩子哭，大人闹，而孩子第二天早晨又起不了床，被老师批评，作业写成这样，老师让他改，他就不改，最后老师只能找父母，这一系列事件就是费斯汀格法则的 90%，是可控的部分。

很多时候父母都是因为孩子不可控的 10% 事件，引发自己的情绪失控，像多米诺骨牌一样，导致后面的 90% 事件爆发——把"点"的战争变成了"面"的战争。所以父母要学会情绪管理，把事情控制在 10% 内解决。

八、掌握"灭火口诀"：一离二吸三凉水

学会情绪管理，首先要了解情绪的规律。情绪的变化是一个过程，包括发生、发展和平复。孩子表现不好，父母开始提醒，情绪就发生了，随着孩子继续不听话，父母的情绪慢慢地就变成了生气，达到一个高点以后，最后回落下来，慢慢平复，形成情绪曲线（见图 4-3），其形状如同倒 U 形曲线，如果父母能给自己一点时间，让自己冷静下来，这个曲线自动就滑落了。

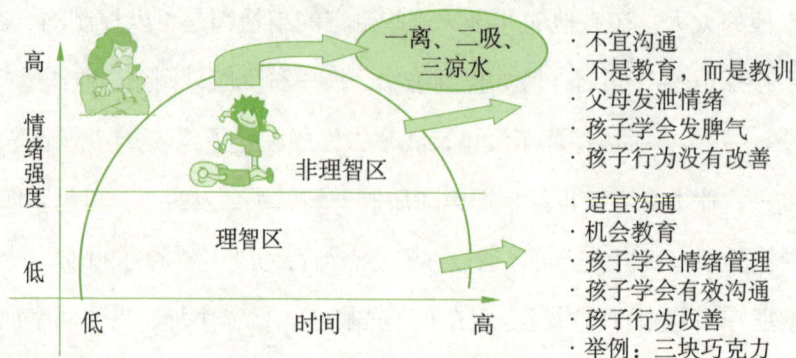

图 4-3　灭火口诀：一离二吸三凉水

（一）一句话化干戈为玉帛

有一个孩子从学校回家，天特别热，孩子又刚刚运动完，身上很脏，他一下就躺在床上，妈妈就让他快去洗澡，赶紧写作业。孩子一听洗完澡、赶紧写作业，就更不想起来洗澡了，躺在那儿不动，说都累死了。妈妈催了几次，孩子还不动，妈妈开始生气，并且越来越气。情绪曲线开始上升，向着倒 U 形曲线的顶点迈进。妈妈知道自己要保持冷静，她知道父母在生气的时候如果能控制好自己的情绪，那么费斯汀格的那 90% 就不会发生，所以妈妈就启动灭火口诀"一离二吸三凉水"（见《儿童时间管理训练手册》第 25 页），让自己的情绪平静下来。

等她冷静以后回到房间的时候，妈妈就跟儿子说："我给你出个脑筋急转弯吧。"这时候孩子的情绪也稍微平复了一些，说："什么脑筋急转弯呀？"妈妈说："为什么新袜子会有洞？"小男孩一听就乐了，说："新袜子当然有洞了，没有洞怎么穿呀？"孩子笑过之后，就跟妈妈说："妈妈，我去洗澡了。"

从中我们可以看出，如果父母的情绪能够控制好，虽然前面的 10% 是不可控的，如孩子在学校很脏，回家要洗澡等，但是可控的是父母没有让情绪爆发，控制好自己的情绪，费斯汀格法则的 90% 就避免发生了。前文中提到的孩子砸电视的例子，妈妈就没有控制好自己的情绪，导致费斯汀格法则的 90% 发生了。

（二）灭火口诀：一离二吸三凉水

灭火口诀"一离二吸三凉水"：一离就是离开让人生气的现场，即暂时离开让你生气的孩子。不知道各位父母生气的时候是否照过镜子，我曾经照过，镜子中的自己特别狰狞恐怖，试想，一个魔鬼一样的妈妈，面对着孩子，不断地批评、指责孩子，孩子感觉到的不是教育，而是教训，那个时候父母更多的是一种发泄，是自我情绪的一种宣泄。

离开后去哪里呢？最好的地方就是卫生间，因为卫生间有镜子，你可以看到镜中的自己，对着镜子进行深呼吸，这就是二吸，即深呼吸。深呼吸是一种腹式呼吸，当你吸气的时候，肚子是鼓起来的，你可以把手放在肚子上感觉一下。而当你呼气的时候肚子是瘪进去的。这个过程越慢越好，如吸气的时候，你在心中默数一、二、三……一直数到十，然后再慢慢呼气。这样四到五次为一组，两三组后，你的情绪曲线就会回落下来，就像倒 U 形的曲线一样，这时候父母就恢复了理智，能够有智慧地想办法来面对孩子，解决问题。

如果深呼吸后，父母还是特别生气，可以进行第三步，叫作三凉水。当你一离、二吸之后还觉得很生气，那么你就用凉水洗脸，用凉水浇灭自己的情绪之火。

有的父母说我离不开呀，我的孩子紧抱着我，不让我离开。这时候请你告诉孩子："妈妈生气了，不是因为你，是因为我的想法，我需要两三分钟去冷静一下。"如果孩子知道父母生气离开，不是不要自己了，也不是自己做错事了，他会接受父母的离开。

（三）突破"压抑"或"发泄"的魔爪

其实只要你能够做到一离二吸三凉水，只需要两三分钟，你的情绪曲线就会自然下来。就像刚才那个妈妈，她的孩子不去洗澡，她很生气，她立即意识到自己的情绪出来了，她也知道再继续下去，费斯汀格那 90% 就会发生了，可能会发生一些倒霉的事情，如当天孩子的学习，以及孩子整个的精神状态都要被破坏。所以她就离开孩子，到卫生间做深呼吸，甚至用到三凉水，感觉到呼吸正常了，脸色也正常了。你可以看着镜子中的自己，是处在一个美美的状态，这就表明你的情绪曲线走完了。

这个时候你再出来，平静地和孩子沟通，可以转移孩子的注意力，如给他出一个脑筋急转弯，或者是跟孩子继续做其他方面的沟通，孩子也会很合作。因为妈妈向孩子示范了一个能够管理自己情绪的典范。在孩子眼中妈妈生气了，她没有对我发火，而是自己去反省，所以孩子也学到了如何面对和管理自己的情绪。

同时，孩子在这段时间里，他的情绪也完成整个过程，走完了自己的情绪曲线，就是从开始、升级到平复下来。如果父母总是允许孩子的情绪曲线走完，他就是一个心理健康的孩子。

如果父母肯让一步，先做出第一步改变，在情绪上做到"一离二吸三凉水"，就向孩子示范了一个积极的榜样。而孩子也就会有样学样，他会照你所做的，而不会照你所说的。如果你一边训着孩子，一边告诉孩子，应该保持冷静，应该如何听话，那么孩子觉得你在撒谎，你都没有做到的事情，你怎么要求孩子？

我们没有办法给孩子我们没有的东西，所以我们要向三块巧克力的故事中的妈妈学习，向陶行知先生学习，不仅看到孩子身上的两面性，而且当自己生气的时候，能够给自己时间和空间，让自己冷静下来。冷静下来以后，想一想我生气到底是因为什么？是因为我的孩子做得不好，还是因为我对他有一个超出他能力的期望，或是因为我想控制他，而他不让我控制？我到底想要一个能够自主自立、自我思考、有独立想法的孩子，还是想要一个应声虫，让他干什么就干什么，没有任何自己想法的孩子？

（四）江山易改，本性难移：十年磨一"情"

当我们深思自己这种负向的想法时，随着时间的推移，我们的情绪会控制得越来越好。以我为例，1985 年我就开始学习心理学，但在豆豆成长的前八年，我的情绪管理并不好。

2004 年，豆豆 8 岁的时候，我开始学习"父母效能"，最大的难题就是情绪管理。我想跟大家分享我的情绪管理的过程，它不是你下定决心就能够做好的，而是需要一个漫长的过程。如刚开始的时候，我面对孩子可能一周生了十次气，发了十次脾气，下一周我可能还是生了十次气，但是发了九次脾气，再下一周我发了八次脾气……我的错误是递减的，在这个过程中慢慢减少犯错误，就是进步。按照这样的规律，十周以后我可能就不发脾气了。接下来第十一周可能就是减少生气的次数，每周少生一次气。再有十周时间，我对着孩子就不生气了。

虽然我是用每周减少一次来说明情况，但是各位父母也要有一个心理准备，当你有意识管理自己的情绪的时候，从开始的少生气、少发脾气，慢慢地到不生气、不发脾气，这是一个漫长的过程。就我个人而言，从开始看着豆豆生气、减少发脾气，然后少生气，到最后不生气，我用了十年的时间！此为本性难移，伴随着孩子的成长，我的个性也发生了很大的变化，变得更成熟了。

总之，父母的情绪管理原则：第一，就是情绪的权利属于自己，我可以决定我怎么想，我可以决定看到孩子行为的哪一面，决定自己是否生气；第二，父母可以去探究自己的这些想法，你对孩子的期待，以及你对自我的价值观，这些想法是否正确，是否需要调整和改变；第三，就是灭火口诀，一离二吸三凉水。

说起来很简单，实际上这是整个"父母效能"中最难的一部分，就是父母的自我改变，它不是技巧，而是你性格的改变。

第五章

儿童时间管理效能：
积极倾听建立良好亲子关系

一、沟通要以爱为出发点

沟通要以爱为出发点，沟通的前提是互相尊重，也就是孩子跟父母可以彼此真诚地表达自己的感受和想法，而不必担心被拒绝。可以分为两个部分：第一个部分是积极倾听，父母要听孩子的话外音，当孩子感到伤心、难过、沮丧，特别是不开心的时候，他说的话父母要如何回应；第二个部分是父母表达自己的感觉，将在第六章论述。

（一）为什么孩子有话不说

有一个孩子放学回家跟妈妈说："对不起。"妈妈问："怎么了？跟妈妈说说。"孩子说："妈妈，我不敢，我怕说了以后你生气。"妈妈就蹲下来说："我不会生气的，我保证不生气。"孩子就说："我今天跟同学打架了，老师批评我了，还要找家长，老师让您明天去一趟学校。"妈妈一听，立刻就怒了，大吼着说："跟你说了多少遍了，不要打架，你就是不听，又打架了，才开学几天呀？你都打了 3 次架了。"孩子马上就说："妈妈，你不是答应我不生气的吗？你怎么还生气呀？你怎么还骂我呀？"妈妈说："你都做错事了，怎么还狡辩？还顶嘴？"孩子哭着跑回自己房间了。

看到这个例子之后，大家就明白一个现象：为什么随着孩子的长大，他们有话不跟我们说了。就是因为我们答应了孩子不生气，却在孩子诚实地告诉我们他的错误时，难以自制，大发雷霆，导致孩子不再相信我们。

在一次训练中，有一个游戏是让孩子说出当你开心的时候怎么办？当你不开心的时候又怎么办？孩子们说当我开心的时候就会跟好朋友分享，当我不开心的时候就会闷在心里。这就出现了一个矛盾，一方面父母都想帮助孩子，想告诉孩子我们很爱他。可是孩子们却有话不跟我们说，尤其是遇到不开心的事情时，更不和父母说，父母根本就没有机会帮助孩子。原因就是孩子跟我们说的时候，我们常常讲道理，甚至生气、批评、责罚孩子。久而久之，孩子们就知道，只要有不开心的事情，或者发生了不好的事情，跟父母说也只会招来责骂和批评，索性就闷在心里。

（二）爱的二因素

作家里欧·布斯加利亚曾经谈到一次比赛，当时他被邀去当评委。那次比赛是要评出最有爱心的小孩。获胜者是一个四岁的孩子，他的邻居是一位新近丧妻的老者。这个小男孩看到那个老人哭泣，便走进他的院子，爬到他的膝上，然后就坐在那儿。后来妈妈问他对那个邻居说了什么，小男孩说："什么也没说，我只是帮着他哭。"

沟通是以爱为出发点的，沟通中这种爱的表达有两个因素：第一个因素就是尊重；第二个因素就是接纳。就像这个小男孩，他什么都不用说，他只是安安静静地坐在老爷爷的腿上，听老爷爷絮絮叨叨地说，帮助老爷爷一起哭，就起到了沟通的作用。心理学研究表明，如果一个人能够对你无条件地积极接纳，不带任何评价地听你说话，听你把自己内心的感受和想法说出来，这就是爱，这就是沟通最好的、最高的境界。

（三）父母爱的表达四方面

对于孩子来说，以爱为出发点的沟通包括四个方面：一是放弃控制，孩子虽然是父母生养的，却和成人一样，是一个独立的个体，不应该受任何人的控制，父母要彻底放弃孩子一定要接受父母想法的愿望。二是尊重孩子，父母除了要尊重孩子的自尊心以外，还要尊重孩子选择与承担的权利。三是信任孩子的能力，父母要放手让孩子去尝试，给孩子提供独立学习的机会，并从旁鼓励与支持，相信孩子有能力解决问题。四是允许孩子犯错，当孩子解决问题的时候，要允许他犯错；当他犯错的时候，感到伤心、难过的时候去陪伴他，鼓励孩子把内心的感受和想法表达出来。

二、沟通的障碍：父母的七种错误角色

在训练中老师问孩子，你们觉得父母爱你们吗？你们觉得父母的爱是什么样子的？有的孩子说我父母的爱就是我考一百分的时候，他们让我看电视。有的孩子说我父母爱我是当我听话的时候，他们就给我买好吃的。有的孩子说我父母爱我，就是不要给我留那么多作业。有的孩子说，我就想让父母别给我报那么多课外班。有的孩子说我希望当我做错事的时候，父母不要对我发脾气，不要惩罚我。

孩子们的回答都说明了一个问题，就是孩子觉得父母的爱是有条件的，也就是他们必须表现得特别好，考一百分，听话等，父母才爱他们。为什么从内心来说，父母对孩子的爱是无条件的，而到了孩子眼中却都成了有条件的？仿佛父母只喜欢那个一百分的孩子，只喜欢那个听话的孩子，只喜欢那个爱学习的孩子，这是一个很矛盾的现象。

父母面对孩子的时候，尤其面对孩子伤心、难过、沮丧等负向情绪的时候，常常采取了不必要的，或者说错误的应对方法。一般来说，父母对孩子说话的核心用词是"你"，用"你的信息"告诉孩子，"你"不要如何，"你"应该如何，具体来说，有七种传统的父母角色。

在说明这七种传统父母角色之前，先举一个例子，一次主题班会上，老师问孩子们："长大后想做什么？"一个普通的问题激起了孩子们的无限遐想，他们兴奋无比，争先恐后地说，科学家、医生、老师、老板……

老师面带笑容地听着孩子们幼稚却饱含雄心的理想，爱怜地看着他们因激动而涨红了的小脸蛋。这时，一只又黑又瘦的小手怯生生地举起，是一个平时很木讷的小男孩。老师很惊奇，平时他很少举手发言，今天怎么会有兴趣参加这个话题的讨论？于是点名让他说，小男孩嗫嚅道："我，我，我想做小偷。"声音低得几乎听不到了。

教室里顿时哄堂大笑。笑声使小男孩更加局促不安，他惊恐地看着老师，老师有些讶然，但更多的是气恼，心想，就知道你没什么远大的抱负，什么不能做，偏要做小偷？刚想气急败坏地让他坐下，突然，灵机一闪，何不听听他的理由呢？于是，按捺住脾气问他理由，小男孩更加慌乱了，他结巴着说："我，我想偷一缕阳光送给冬天，让妈妈不受冻疮的痛苦，我想偷一片光明给盲人，让他们感受世界的五彩缤纷……"

他越说越流利，越说越激动，全班静极了，教室里洋溢着他的激情，流淌着人性的美好，老师情不自禁地鼓起掌，孩子们跟着鼓掌，小手拍得通红通红的。老师很庆幸自己多问了一个为什么，庆幸自己倾听了小男孩的心声，否则不仅错过了诗一般美的语言，更错过了诗一般美的情怀，更为可怕的是会伤害一颗善良而又纯真的心灵。

这个故事让我想起有一位著名的节目主持人，在一个谈话节目中设置了这样一个情境，一架飞机满载乘客，飞行途中没油了，可飞机上只有一个降落伞，他问参与做节目的孩子，你看这伞给谁用？孩子几乎不假思索回答："给我自己用"。这时，台下一片骚动，很多观众想：多么自私的孩子啊！可是主持人没有急于下定义，而是蹲下来，耐心地问孩子："为什么呢？"孩子满脸泪水，清晰地说道："我要跳下去，找到油后，回来救飞机上所有的人。"孩子的爱心在主持人的耐心中得到了释放，如果我们用惯性的眼光看孩子，就会扼杀了孩子的纯真。

　　我们可以看到，当孩子说我想做小偷，或者说我想把降落伞给自己用的时候，成人常常不自觉地用自己的想法判断和评价孩子的行为，无意中扼杀了孩子充满爱心的纯真心灵。作为父母，我们要学习一种技巧，让孩子能够真实地表达他内心的感受和想法。在此之前，要避免以下七种传统父母角色。

（一）指挥者

　　第一个角色就是指挥者。指挥者通常就是用命令、指挥、威胁的方式告诉孩子要做什么、不要做什么。如孩子小时候，跑着、跑着摔倒了，趴在地上哭，父母就会说："不让你跑，你还跑，不准哭，忍回去。"我曾经在小区的院子里，看到一个小男孩骑着自行车，爸爸在后面大声地喊："慢点，慢点。"这个小男孩不听，越骑越快。一个小石子绊了一下，自行车摔倒了，孩子趴在地上哭，爸爸着急地跑过来，一看孩子没大事，接着就大声地训斥孩子，告诉他不许哭。孩子刚开始是因为害怕和伤心而哭，哭着哭着，感觉他有点哭闹了，他想通过这种方式来获得爸爸的关注。爸爸也生气了，一边打着他的屁股，一边说不准哭，忍回去，男儿有泪不轻弹等。小男孩哭闹得更凶了，大声号叫，几乎没有眼泪，惹得很多人观看，都说这个爸爸太严厉了。

（二）说教者

　　第二个角色是说教者，父母常常用这种应该、必须来要求孩子，应该做什么，不应该做什么。如"你都这么大了，你就应该自己穿衣服了""你都五年级了，就应该回家主动写作业""你作为一个学生，就应该上课认真听讲""你作为一个哥哥，就应该让着弟弟"等。这种应该主义者会让孩子觉得自己被否定了。

　　训练中有个小女孩，她有个妹妹。妈妈经常说让她让着妹妹，让她什么事情都要照顾着妹妹，姐姐心里非常不服气，觉得不公平。有时候妈妈不在的时候她会偷偷地掐妹妹一把。妹妹哭的时候，她告诉妹妹不许跟妈妈说，威胁妹妹说你要告诉妈妈我就不跟你玩了。所以妈妈经常发现妹妹身上青一块紫一块的，却不知道是怎么回事。其实妈妈不知道，她的这种应该／必须的想法，让姐姐觉得被忽视，内心产生了很多愤怒，这种愤怒总是要找渠道发泄出去的。如果没有正常的情绪宣泄途径，就会用扭曲的方式，如掐妹妹来表达。

独生子女在一起玩的时候，也有哥哥、弟弟、姐姐、妹妹，作为哥哥或者姐姐的父母，常常会说你们要让着妹妹，有好吃的要给弟弟，然后这些哥哥或姐姐就会在玩耍的过程中制造一些麻烦，让父母非常没面子。原因就是父母表现出这种说教者的姿态，让这些哥哥、姐姐感觉到被否定、被忽视，继而用不合作的方式达到行为目的。

（三）万能者

第三个角色是万能者，万能者父母就是告诉孩子我什么都行，什么都会。如孩子考试没考好，父母可能说："想当年我小时候，我的语文都是一百分，数学也都是一百分，我都是双百，当年就是没学英语，要不然我肯定就是三百分。""你看你，都这么大了，学了这么多，给你报了这么多的课后班，花了那么多钱，你怎么还考成这样呀？"……万能者时刻告诉孩子我比你强，我什么都行，你什么都不行。

（四）审判者

第四个角色就是审判者，审判者就是没有问清事情的缘由，理所当然地判断都是孩子的错。如有个孩子下楼玩，一会儿就哭着回来了，脸上还带着伤，她跟妈妈说："我再也不跟小美玩了，小美打我。"妈妈一看就说："你们有几个同学一起玩呀？"女儿说："我们有五个呀。"然后妈妈说："为什么小美单单打你一个，而不打其他人，肯定是你先招惹别人的。"

还有的孩子回家以后跟妈妈说老师今天批评我了，或者说同学跟我打架了，父母直接就说肯定是你先招惹别人了，你要不招惹别人，人家干吗打你呀？老师为什么不批评别人，单单批评你呀？这些不问青红皂白，直接判断孩子有错的父母就是审判者。

（五）批评者

第五个角色是批评者，批评者的父母是用特别高的标准要求孩子，孩子做什么都是错的，经常用讽刺、挖苦、挑剔的语气，如这是我儿子吗？我儿子怎么能考这么差呀？难道你是科学家吗？你觉得你的脑子是机器做的？难道你不用学习就全都会吗？用挑剔、挑衅的方式来否定孩子。

（六）心理分析者

第六个角色是心理分析者。心理分析者的父母就缓和多了，他以心理学家或者心理咨询师的角色来帮助孩子分析原因，如孩子考试没考好，父母就会说你看你这次考试没考好，是因为你没有好好复习，没关系的，下一次好好复习就行了；你不敢举手，就是因为你自信心不足；你上课老说话，因为你自控力不足。父母就像心理分析师，帮助孩子分析他的问题产生的原因，一方面暗示孩子他的问题是自己造成的，另一方面容易让孩子心安理得地安于现状。

（七）安慰者

第七个角色是安慰者。安慰者就是用简单的方法来帮助孩子，直接告诉孩子，你这些事没什么大不了的，如孩子考试没考好，父母说："没关系的，下次我们努力就好了""天塌下来有大个儿顶着呢，你不用想这么多""不要胡思乱想了，没关系，父母在呢"。这些话看起来似乎很温暖，也是很多父母都在说的，实际上跟其他几种传统的父母角色一样，都是错误的。

安慰者角色让大家很困惑，很多父母说难道这样说也不对吗？我们试想一下，你的孩子考试没有考好，他觉得很伤心，很难过。可是你却告诉他没事，孩子就很困惑了，难道父母不爱我吗？我这么难过、伤心、痛苦，他们却觉得是小事一桩，是没什么大不了的，那么我是不是出现了问题？我这样沮丧，是否小题大做了呢？从而怀疑自己的感觉和父母的爱。安慰者是一种很隐蔽的错误应对方式，常常被父母忽略，觉得我已经很好地对待孩子了，实际上它起到的作用同样是让孩子感觉到自己没有价值、没有意义。

这七种传统父母角色都是不好的，都在告诉孩子，你错了，你不行，你有这样的想法是不对的，必然导致孩子关闭了跟父母沟通的大门。他们面对问题的时候，都想着自己憋在心里，压抑下去。而我们也知道，如果孩子从小面对负向情绪总是压抑的话，会对自己造成伤害。压抑久了可能就会爆发，即发泄，把点的战斗变成了面的战争，如同费斯汀格法则，本来是一件小事，压抑久了就爆发出来，成为全面的战争，伤害自己和他人，这是沟通中最常遇到的障碍。

当我们扮演这七种传统父母角色时，不知不觉地让孩子关闭了与父母沟通的大门。父母之所以常常扮演这七种传统父母角色，就是因为自己小时候也是被这样教育长大的，导致我们认为负向情绪是不好的，不被允许的，是不应该表达的，所以就压抑下去。成为父母以后，面对自己的孩子，自然而然地也在无意中扮演了这七种传统父母角色，这种压抑或发泄的方式就延续了下去，对我们的孩子造成很多伤害。如有些孩子采取自残或者自伤的行为去发泄自己的愤怒或无助，甚至酿成悲惨的事情。

三、运用积极倾听促进亲子沟通

父母要打开和孩子沟通的大门，跟孩子进行良好的积极沟通，就要摆脱这七种传统父母角色，学习积极倾听，也叫反映倾听。

（一）有净化作用的积极倾听

孩子：妈妈，我讨厌上学，因为全班的同学都欺负我。

母亲：全班的同学都欺负你？（改句子）

孩子：对啊！我跟小琪借橡皮，她都不肯借我。

母亲：你觉得很没面子。（重述）

孩子：小珍和我赛跑输了，就说我偷跑。其实我根本没有偷跑。

母亲：嗯，还有呢？（引导）

孩子：老师叫我登记成绩，他们就说我是马屁精。

母亲：哦……（引导）

孩子：我的作文被老师贴在板报上，小权就说我是抄的。其实，我根本没抄。

母亲：那怎么办呢？全班的同学都在欺负你。（引导）

孩子：其实……也没有啦……并不是全班……

母亲：有一半的同学在欺负你。（摘要）

孩子：也没有那么多啦！

母亲：至少有十个同学欺负你吧！（摘要）

孩子：哪有？这次班上全数通过，我当选好学生呢！

母亲：哦……（引导）

孩子：其实就只那三个人！因为他们嫉妒我的功课比他们好！可是……也还好啦！上次他们还请我吃冰激凌，有一次我脚痛，小权还帮我背书包呢！

从早上孩子开始说我不想上学了、全班同学都欺负我开始，之后的沟通过程中妈妈用积极倾听（反映倾听）的方式，了解到实际上只有三个同学可能冤枉他了，或者是说他了，让他感觉不好，而且这三个同学也在帮他。妈妈通过积极倾听的方式，不仅澄清了问题，而且让孩子的心灵得到了净化。

心理学研究表明，如果我们能够用语言把自己的情绪梳理清楚，我们的神经就得到了镇定，心灵就得到了净化。所以当这个孩子从开始说全班同学都欺负我，到最后只有三个同学，而且这三个同学对他也不错，那么他的神经就平静了，心灵也就得到了净化，然后孩子背着书包去上学了。

这个过程中，妈妈没有一句批评指责，也没有一句价值判断和建议，有的只是积极倾听，用自己的语言把孩子的感觉反映出来。通过积极倾听，父母能够了解孩子眼中的世界，能够了解孩子的想法和感觉，更能够帮助孩子梳理情绪和聚焦问题。

（二）积极倾听要从孩子的眼中看世界

在过圣诞节时，一位母亲领着 5 岁的儿子去百老汇大街。她认为小儿子一定会喜欢那里的装饰、玻璃窗、圣诞颂歌、洋娃娃和圣诞老人。可是，一到那里，不知为什么，她的小儿子就开始轻声地哭泣，小手拉紧了她的大衣。"真扫兴，你有什么委屈的呢，圣诞老人是不接待啼哭的孩子的。"她责怪道。"噢！也许是儿子的鞋带没系好。"在走廊里，她靠近自己的小儿子，蹲下给他系鞋带。这时，她无意中向上看了一眼。这是第一次，她从一个 5 岁孩子的眼睛里看到的周围的世界！没有玩具、没有手镯、没有礼物、没有装饰华丽的展览，只有一片混乱的、看不见顶的走廊……人的大腿、屁股、用力的脚，以及其他的庞大物体在乱推乱撞，看上去很可怕。她立即把儿子领回了家，并发誓再也不把自己认为感兴趣的事强加在儿子身上。

从这个小故事我们知道，积极倾听（反映倾听）实际上就是要从孩子的眼中看世界，我们看到的是霓虹灯，孩子看到的就是腿、屁股和脚；我们看到的是礼物，觉得很开心，我们认为孩子也应该开心，但实际上孩子看到的是一条条大腿，一双双脚奋力地迈进，他看不到礼物，也看不到圣诞老人，他感受到的是恐惧。

（三）积极倾听的前提是有效沟通

什么是有效沟通？举一个例子来说明这个问题（见图 5-1）。假设有一个小男孩牙疼，在这个沟通过程中，孩子首先要做的是"选码"，他要把牙疼这个信息以一种方式传递出去。假设这个孩子一边喊着："疼，疼死了"，一边满地打滚，又哭又闹，这就是他传递出去的信息。

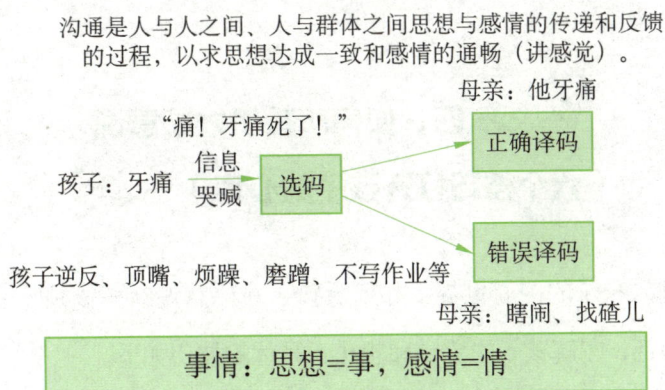

沟通是人与人之间、人与群体之间思想与感情的传递和反馈的过程，以求思想达成一致和感情的通畅（讲感觉）。

母亲：他牙痛

"痛！牙痛死了！"

孩子：牙痛 —信息 哭喊→ 选码 → 正确译码

→ 错误译码

孩子逆反、顶嘴、烦躁、磨蹭、不写作业等

母亲：瞎闹、找碴儿

事情：思想=事，感情=情

图 5-1　什么是沟通

而妈妈要把孩子传递出来的信息进行翻译，即译码，就是通过判断孩子的语言、行为、情绪等，来了解孩子表达的信息到底是什么？有两种可能：一种是妈妈正确译码，她了解到儿子牙疼，然后就带孩子去看医生，或者吃药、补牙等，直接解决这些问题。还有一种可能，就是妈妈觉得这个孩子胡闹、找碴儿、捣乱，因而训斥他不要哭闹，或者说你有什么可闹的，这么一点点事就大惊小怪的，对孩子批评指责，甚至打骂，这就是错误译码。这种错误译码不仅没有解决问题，而且强化了孩子的偏差行为。

在沟通过程中，信息的传递有赖于孩子选码和父母译码。如果父母正确译码，就能够了解孩子内心的感受。如果父母错误译码，就否定了孩子的感受和想法。当父母扮演七种传统父母角色时，就是在沟通中错误译码，忽视了孩子内心的感觉和想法，孩子也就关闭了和父母沟通的大门。而父母也无从了解孩子的问题，更没有办法帮助孩子解决问题。

沟通实际上是彼此之间互相尊重，即彼此之间可以真诚地表达自己的感觉和想法，以求达到思想和感情的一致。作为父母，我们要了解孩子的行为目的，了解沟通中的选码和译码过程，通过积极倾听，正确译码，真正体会孩子的感受，帮助孩子聚焦问题和解决问题。

四、如何听孩子才愿意说
（六个技巧打开孩子的心扉）

如何进入孩子的内心世界？如何听孩子才愿意说？积极倾听能够帮助父母听孩子说话，了解孩子的感觉和想法，具体的技巧如下。

（一）身体语言

通过身体姿势让孩子觉得父母现在愿意听他说话，如眼睛看着孩子，或者蹲下来跟孩子平视，也可以拉着孩子的手。如果你现在特别忙，而孩子要告诉你事情，如孩子说："妈妈，我牙疼。"你可以告诉孩子，请给我一分钟把手头的事情处理一下，然后就来找你。要给孩子一个很肯定的时间，可以用定时器，对小孩子可以告诉他表的长指针转一圈等，目的就是让孩子觉得你很关心他，你用这种接纳的态度，尊重他的感觉。

（二）重述

如孩子说："我跟小珍借橡皮，他都不借给我。"妈妈说："小珍不借给你，你是不是觉得很没有面子呀？"这就是重述，妈妈用自己的语言把孩子的想法说出来，尤其是把孩子想说而没说的感觉，用妈妈的语言说出来，并反馈给孩子，一定要用疑问句，以问号结尾，向孩子求证。父母像镜子一样映照孩子的感觉，不带有一点自己的评价和判断，在这种不断的提问和印证过程中，孩子越来越清晰自己的真实感觉和想法，也学会用语言表达出来，孩子就会知道，原来我是觉得没有面子，而不是"不想上学了"。

（三）改句子

如孩子说："全班同学都不喜欢我。"妈妈问："全班同学都不喜欢你？"妈妈把"我"改成"你"，像照镜子一样，把孩子的话反馈回去，让孩子思考是不是这么回事，不需要加进父母的判断，如有的父母可能就说："你怎么能这么说呢，不可能全班同学都不喜欢你，你这种想法根本就不对！"这种"你"句型，"你……"直接给孩子顶回去了，就把孩子想要表达的愿望给扼杀了。如果父母能改句子，而且一定要用问句，不要用句号结尾，实际上引起孩子的思索。因为句号就相当于这件事结束了，而我们用问号，就是让孩子看到他的想法。

（四）举例子

当孩子表达一个想法，父母没听明白，感觉有点糊涂的时候，可以举一个例子问问孩子是不是这么回事。如"有一半同学都欺负你？"

（五）摘要

摘要就是把孩子的话整理后，以几句话概括出来。如"你的意思是上课同学问你题，你就给他讲解，老师却批评你，说你违反课堂纪律，是吗？"

（六）引导

引导就是当你不知道怎么回应孩子的时候，你就问他："然后呢？后来又发生了什么？然后怎么样了呢？能不能再多说一点呀？""怎么办呢？"这样引导孩子继续把他的想法深入下去，探索他内在的感觉，引导他觉察自己的想法到底是什么。

父母在跟孩子沟通的过程中，要听感觉，而不要跟孩子讲道理。注重孩子的感觉很重要，在冰山理论中，孩子说的话和行为仅仅是冰山上的一点点，而冰山下有孩子的感觉、想法、期待，还有他的渴望和对自我的认识等，这些恰恰是在积极倾听（反映倾听）过程中，父母通过以上的这些沟通技巧，来了解孩子内心的感觉是什么。而且父母用这种方式与孩子沟通，能够让孩子放宽心说出自己的感觉和想法，孩子不必担心他这样说了父母会不会不同意呀，会不会觉得他这样想有点小题大做呢。只要用以上的这些沟通技巧，父母都会向孩子传递出，也许你的想法我不同意，但是我会无条件积极地接纳你的想法和感觉，我允许你有自己的想法，更尊重你是一个独立的人，也相信你能够解决你的问题。

以上这些沟通技巧中最基础的是身体语言，这是良好沟通的前提。如果父母表现出对孩子的话有兴趣，对孩子微笑、点头，这种宽容和接纳的态度会让孩子愿意敞开心扉。

五、开放式和封闭式沟通

这些沟通技巧刚开始运用的时候，父母可能会觉得有点生涩，但是熟能生巧。在积极倾听的时候，父母要多采用开放式回应，如孩子说："我再也不跟小美玩了。"父母可以说："你特别生小美的气，是不是？"或者"小美做了这件事，让你觉得很伤心，是吗？"与之相反的是封闭式回应，或者说父母扮演七种传统父母角色时的回应，通常是给孩子讲道理，如："你怎么能这么说呢，你太小气了。"或者"就这么一点小事，你就不依不饶的，你为什么不能把这件事忘了呢。"

（一）举例说明开放式和封闭式沟通的区别

如孩子说："这道题我不会，我真的做不下去了。"封闭式回应就是讲道理，"你怎么能这么说呢，这道题你以前做过的，你再仔细看看就会了。"或者说："你不能这么说，你是学生，你怎么能不做呢？"这都是封闭式回应，也就是讲道理，是七种传统父母角色在作怪。而开放式回应关注的是孩子的感觉，用语言把他的感觉描述出来，如："你是不是觉得这道题特别难呢？""你觉得这道题以前都没有见过？""你觉得这道题需要想很长时间才能做出来，特别难，不想做下去了，是吗？"

再如孩子可能会说："你是世界上最坏的妈妈了。"封闭式回应就会说："你怎么能这么说妈妈呢，跟妈妈这样说话非常不礼貌的。"开放式回应就会说:"你现在特别生妈妈的气,对不对?你觉得妈妈这样做特别不公平?"

再有孩子说:"妈妈,你看我做的新模型。"有的父母因为特别忙,就会说:"好了好了,我知道了,你这个做得确实挺好的,但是我现在太忙了,没空看。"这是封闭式回应。而开放式回应会说:"看起来你对自己很满意哦,你觉得特别骄傲,等妈妈有时间的时候再过来看,给我5分钟的时间好吗?"

再举一个例子,孩子说:"我今天不想上学了,我们班那个大伟特别坏。"妈妈可能回应说:"你怎么能这么说同学呢,不能因为一个同学你不喜欢,你就不上学了,每个孩子都应该上学,怎么能随便就说不上学了呢?"这就是封闭式回应。而开放式回应会说:"你今天上学害怕大伟欺负你,是不是?"描述孩子的感觉,努力尝试了解孩子的内心想法。

从以上几个例子可以看出,封闭式回应背后就是七种传统父母角色,基本上都是否定孩子表达的愿望,不愿意接受孩子有不同的想法。当孩子开始表达负向情绪时,父母因为成长经历,以及不了解沟通技巧,向孩子传递出的信息是否定他的感觉,不想让他表达自己的想法,久而久之,孩子也就学会了压抑这些负向情绪,不再跟我们说他生活中的不如意。

而开放式回应让孩子觉得父母特别尊重我,觉得我是一个独立的人,我有能力解决问题,父母虽然不同意我的想法,但是他们允许我表达自己的感觉和想法,而且他们帮助我理清我到底是怎么想的,我这样说或做,我背后的感觉是什么,我的期望是什么。当父母帮助孩子理清了情绪以后,孩子会更专注地面对问题和解决问题。

开放式回应肯定孩子的感觉,而封闭式回应否定孩子的感觉,这是二者的主要区别。父母要知道,孩子这种情绪性的话只是一时的,当他说:"我们老师太讨厌了,她就是一个巫婆。"父母要正确译码,就要想孩子现在的感觉是什么,是不是老师做了一件什么事让他特别伤心并感觉不公平?开放式回应是："你特别生老师的气，对不对？你觉得老师这样做很不公平？"封闭式回应是："你怎么这样说老师？这是不礼貌的，不应该这样说。"

（二）开放式回应让孩子轻装上阵

也许有的父母会有疑惑，觉得这样回应能解决问题吗？实际上父母不了解一个规律，如果一个人能够用语言把自己的情绪情感很清晰地表达出来，并且对方完全地接纳他这种感觉，不会否定他的感觉，那么他的大脑神经就会镇静下来，而他的心灵也会净化，他会更专注地面对问题。当父母了解这个心理学的规律以后，只要专心地听孩子说话，就能帮助孩子把情绪垃圾倒出来。当孩子把这些垃圾倒出来的时候，如果父母能无条件地接纳过来，孩子的情绪就镇静了，心灵净化了，轻装上阵，面对问题和解决问题。如果父母总是给孩子讲道理，无形中否定了孩子的感觉，不让孩子说出心里话，他的情绪垃圾就被压抑下去，轻则影响学习效率、上课纪律、注意力等，重则任何小事都会成为导火索，稍不如意，就会爆发出来，和老师顶嘴、和同学打架、破坏公物等，久而久之就会成为社会上的那些垃圾人。

（三）封闭式回应产生垃圾人

社会上垃圾人随处可见。有时候你走在路上，不小心碰了谁一下，人家就对你怒目相视。或者一些恶性事件，如有一个人在银行取款，时间稍微长了一点，出来的时候有人说了几句不好听的话，这个人就用刀子相向。再如公交车上，因为买票发生言语的冲突，导致13岁小女孩窒息而亡。这些恶性事件的发生，看似由微不足道的小事引起，其实是他们的生活中有很多的不如意，负向情绪没有出口，压抑起来，形成了垃圾人，就像炸药一点、一点积累起来，如同炸药包，只要有一个导火索就会炸了。

孩子也一样，如果我们不让孩子说出不好的事情，这些负向情绪就会攒在他的心里，如同装满炸药的炸药包一样，到学校里，只要有一个导火索，他就会炸了。如果在学校或班级，你看到有一个孩子，别人碰了一下，他挥拳就打过去。老师会批评他，说你怎么因为这么点小事就打同学。家长也不理解孩子，甚至批评、责罚他用武力解决问题。

其实老师和家长有所不知，这个孩子一定在家里或在学校里承受了很多负向情绪，如父母和老师的提醒、催促、警告、唠叨等，甚至被父母责罚，还有很多课后班和作业等，这些事件产生的压力，很多时候都不允许正常表达，孩子就会骚扰、抱怨、磨蹭、懒散等，继而遭到父母更严厉的压制，如长篇大论地讲道理、各种应该/必须、威胁恐吓、奖励贿赂等，致使孩子的压力无法释放，压在心里，就像炸药充满炸药包一样，当同学碰他一下，或者老师说他一句，都会成为导火索，就像压死骆驼的最后一根稻草，孩子不可抑制地爆炸了。表面看是一件小事引起的，老师和家长都不明白孩子为什么大动肝火，实际上是孩子长久以来忍受了太多的负向情绪，满则溢出了。

如何避免这种满则溢出的现象呢？就是需要父母摆脱七种传统父母角色，少用、不用封闭式回应，多用开放式回应，用积极倾听技巧随时把孩子的情绪垃圾倒空，保障孩子心灵得到净化，确保孩子的心灵纯洁。这样的孩子，每天高高兴兴去上学，晚上快快乐乐写作业，将来就是幸福的普通人。否则的话，孩子每天都充斥着负向情绪，又没有正常的疏解渠道，长久压抑下去，就可能发展成垃圾人。

六、掌握积极倾听的句型

积极倾听有一些固定的句型，就是"你的意思是？""你的感觉是？""你觉得怎么样？""我不太了解你的感受，你能再说一遍吗？"等。最常用的就是"你的感觉是？你的意思是？"以此来描述孩子的感觉，即事情中的"情"。

父母常常特别关注孩子的问题怎么解决，即事情中的"事"，因而忽视了孩子的感觉。其实要解决孩子的困惑，其中10%是"事"，而90%是"情"，即孩子的感觉。如果父母能够给孩子开放式回应，积极倾听孩子，问题就会很清晰，变得很小，即费斯汀格法则的10%。

如有一个孩子跟妈妈说："我真想大病一场，大病一场就不用上学了。"妈妈回应说："哦，你是不是想在家里休息几天？"这就是沟通技巧的重述，当孩子说，我想大病一场，妈妈没有给她讲道理，没有说你怎么能希望自己生病呢。父母没有用封闭式回应，而是采用开放式回应，反映出孩子内心的感受，即想在家里休息几天。所以妈妈说的是："你想在家里休息几天，对不对？"孩子说："是呀，我不想去上学了，我们老师什么都让我做，为什么当班长就那么倒霉。"妈妈说："哦！你觉得上学特别有压力。"这还是重述，妈妈把孩子的感觉重新梳理，用妈妈的语言再说一遍，并反馈给孩子，就像照镜子一样，这时候孩子接着说："对呀，我们老师什么都让我干，我太不喜欢了，我不喜欢在台上发言，我也不喜欢对别人发号施令，我更讨厌我们老师，讨厌当班长。"然后妈妈说："看起来你很难过的样子，你是不是特别不想走进你们这个班级呀？"孩子说："对呀，我看到他们就烦。"接下来妈妈说："那你好像讨厌学校里的一切了？"这里妈妈把孩子的描述作了一个总结，这就是摘要的技巧。孩子说："也不是一切了，我还是很喜欢音乐课、美术课，还有作文课，我就是讨厌我们班主任，他一上班会课的时候就霸着讲台，没完没了地唠叨，在那里说很多话，什么德智体美劳呀，哪有这样的圣人。"然后妈妈说："好像你觉得当圣人是一种耻辱呀？"妈妈又用自己的话总结了孩子的话，即摘要。孩子说："对，我特别讨厌成为老师心目中的好学生，我们同学都排挤我，他们说我是老师的眼线，甚至有一个学生还诅咒我放学被车撞死，我都要疯掉了……"

这个对话的过程中，妈妈对孩子的话一直没有加进自己的价值判断，没有进行封闭式回应，没有给孩子讲道理，她一直在听感觉，听孩子的心声，孩子觉得有压力，孩子觉得想休息几天，孩子觉得不想成为老师心目中的好学生，因为成为老师心目中的好学生要承担很多压力，被同学说闲话、被同学排挤等。

从前面这个孩子说"我想大病一场"，到后面妈妈通过不断地跟孩子沟通，发现孩子其实不想成为老师心目中的好学生，或者说不想承担这份压力。经过这样积极倾听的沟通，事情就很清楚了。积极倾听不仅让孩子觉得她跟妈妈之间有一个良好的母女关系，而且让她知道，将来她遇到任何困难都是有人分担的，有人接纳的，凡事都可以跟妈妈说。在这个过程中，孩子的问题越来越清晰，她只是觉得当好学生太累了，这在前文中也提到过，有一个特别优秀的小女孩，突然有一天就说她不去上学了，并且她真的在家里没上学，在家里待了两个月。这两个月妈妈重新和孩子沟通，陪伴孩子面对压力，提高承受力。在这两个月和妈妈的沟通中，孩子学会了如何面对压力，更重要的是她学会了调整压力，变压力为动力。

无论是想大病一场的孩子，还是不想上学的孩子，妈妈通过积极倾听，开放式回应，帮助孩子理清她的感觉和想法，自己悟出并不是想生病，或者不想上学，而是压力过大，无法释放。

七、老师告状怎么办：如何与孩子有效沟通

面对老师告状，父母既要和老师有效沟通——亲师沟通（见《儿童时间

管理训练手册》第 39 页），也要和孩子有效沟通。如果自己很生气，请先灭火，"一离二吸三凉水"！等自己平静后，再和孩子沟通。

（一）转换：重新解释老师的话

亲师沟通第三步是请教和转换，即向老师请教如何帮助孩子进步，回家后要把老师的话进行转换，如语文老师说孩子上课不遵守纪律，父母回家以后先要说孩子英语课、数学课、体育课等（按照课表）表现好（这是事实，因为这几个老师没告状，相对于语文课的表现就是好的），继续问孩子细节："你是怎么做到的？"即美言录来鼓励孩子，看到孩子行为的两面性。

孩子被父母鼓励以后就愿意说，如"上体育课我想说话的时候，我想起来要先举手，老师叫我再说话""上英语课的时候，我特别积极举手发言"。当孩子这样说的时候，父母要鼓励孩子的积极表现，如果亲子关系良好，孩子不担心犯错误会挨打、挨骂、挨罚，他会主动跟你说："爸爸妈妈，我今天语文课上说话了，老师还批评我了。"这时候父母要说："下一次怎么避免？"不要问孩子："你为什么说话了？"因为当你问"为什么"的时候，孩子可能会说："因为前面那个同学找我借笔，或者同学问我题怎么做，我就跟他说话了，不赖我。"父母可能会说："你怎么还顶嘴、找理由、找借口。"实际上父母忽视了是自己问孩子你为什么说话了，孩子不过是在描述事实而已。孩子通常会看到别人身上的不足和缺点，但是他很难内省，很难发现自己身上也有缺点和不足，因为内省能力是需要有意训练的。

（二）转换语引导：不问"为什么"，只问"怎么办"

事情已经发生了，父母问为什么对解决问题没有任何帮助，反而容易引导孩子找借口。父母要问孩子"下一次怎么办"。如"下一次如果同学又找你借笔，你有什么办法既遵守课堂纪律又能解决这个问题？"跟孩子进入讨论环节。如孩子可能会说："下一次同学再向我借笔的时候，我就直接递给他，或者用一个手势告诉他说等一会儿，等我举手得到老师同意，再递给他。"这是孩子可能会想到的解决办法。

转换很重要，转换让孩子自觉承认错误，并自愿改正。如果父母直接告诉孩子老师说你上课说话了，孩子就会找借口，如同学先说话的、同学跟我借笔等，他会说因为别人先错，所以我错是应该的。父母的引导是关键，如果父母强调的是"下一次"和"怎么办"，就把孩子的注意力引向问题解决这个方向上来了。

（三）睿智妈妈让孩子爱上擦黑板

有一个孩子在学校特别调皮，课间喜欢追跑打闹，经常和同学发生冲突，有一段时间玩撕名牌游戏，特别危险，老师告诉妈妈要管管孩子。孩子回家以后，妈妈就问他课间是不是玩撕名牌、追跑打闹，还跟同学发生冲突了。孩子觉得特别委屈，他说："我是玩了，可是我们老师为了让我在教室待着，老让我擦黑板，都已经擦了两个礼拜了，烦死了。"

妈妈没有想到，本来她是要教育儿子的，结果却引发了孩子一肚子的牢骚和不满。妈妈马上就意识到这个问题，她开始接纳、反映孩子的情绪，等孩子平静后跟孩子讨论这个问题怎么解决。她先跟孩子说："看起来你课间擦黑板，都没有时间玩了，同学都到操场去玩，你却要在这里擦黑板，真是挺不容易的，你觉得特别不公平吧？"孩子发现妈妈态度的转变，就开始跟妈妈说了一大堆他觉得特别不公平的事，说了很多老师做的让他不满意的事。这个过程中，妈妈接纳、反映孩子的情绪，跟孩子共情，辅以身体的拥抱、抚摸，让孩子感受到妈妈的爱，慢慢地他的情绪平静了，妈妈就说："看起来老师对你擦黑板非常满意，肯定是你黑板擦得特别干净。"

　　孩子的眼神亮了起来，他从来没有想过老师一直让他擦黑板，是因为老师觉得他黑板擦得很干净。他原来一直就觉得老师是惩罚他，所以他每次擦黑板的时候都特别生气。经妈妈这么一说，孩子也觉得有道理，态度就变得积极起来，原来的抱怨消失了，他觉得自己为同学服务也是很有价值的，孩子的心情就好了起来。其实妈妈说的也不是假话，如果孩子黑板擦得不干净，老师也许就让他扫地，或者让他倒垃圾了。老师之所以让他一直擦了两个礼拜的黑板，可能因为他黑板擦得挺干净的。

　　妈妈又去跟老师沟通，她说："老师！特别感谢您，您用这样巧妙的方法，既保证了孩子的安全，而且还让孩子喜欢劳动、帮助别人。"受到鼓励的老师在课堂上当着全班同学表扬了这个孩子，说他黑板擦得特别干净，所以老师上课的时候写起字来非常清晰，特别感谢这个孩子。孩子感受到老师对他的鼓励，他擦黑板更卖力了。其他同学也感谢这个孩子为大家的付出，没有他把黑板擦得这么干干净净，老师的板书肯定会看不清楚的。所以同学们也非常喜欢他，很多人愿意和他一起玩。

　　面对老师告状、孩子抱怨的情况，这个睿智的妈妈先与孩子共情，等孩子平静后发现孩子行为的积极面，引导孩子重新解释擦黑板这件事，孩子从原来的抱怨、挨罚的消极态度转变成自信、助人的积极态度，变被动为主动。同时，妈妈也发现老师行为的另一面，引导老师也看到孩子行为的积极面，和老师通力合作教育孩子。所以，当父母遇到一些状况，尤其是孩子在学校里发生的不好的行为，父母首先要保持平静，然后珍惜这个机会，和老师、孩子按照沟通三部曲——接纳、反映、讨论，找到解决办法，成为高效能、智慧父母。

八、孩子上课说话怎么办

当孩子在学校被老师批评、责罚，回到家里告诉父母时，父母通常会先问"为什么"，然后就给孩子讲道理、批评教育孩子，甚至会威胁孩子再发生类似的事件就要被责罚。而孩子面对父母的批评，心里不服气，狡辩、顶嘴、逆反等时有发生，沟通无效。其实父母忽视了沟通，即通情达理，需要和孩子先"共情"后"共事"，即沟通三部曲：接纳—反映—讨论。

孩子在学校被老师批评了，他一定感到伤心、难过、沮丧、生气、不公平等，通过父母的"接纳—反映"，孩子的情绪平缓、心灵得以净化，再和孩子进入"讨论"，即问题解决六步骤，不断地把问题抛给孩子，引发孩子的思考，训练孩子的问题解决能力。

（一）接纳、反映：让孩子情绪稳定

先给大家讲一个豆豆的故事。豆豆上小学的时候，班里有一个非常淘气的同学，这个孩子上课的时候，习惯性回头跟后边的同学说话，受到影响的孩子父母就找老师换座位，换来换去就换到了豆豆的前面。这个孩子经常回头玩豆豆桌上的文具、本子等，豆豆忍不住也说话，两个人悄悄玩起来。老师会批评这两个同学，但更多是批评豆豆，因为老师发现批评前面那个同学并没有太大的用处，所以老师通常都会批评后面这个同学。当豆豆被批评以后，回到家里就跟我说，是前面那个同学回头跟他说话，所以就没忍住也说话了，但是老师批评自己更多，觉得特别不公平。

我知道孩子感到非常伤心、难过，因为在他的想法里，是那个同学先说话的，老师应该更多地批评那个同学，而不是更多地批评自己。他无法理解老师批评那个同学没有效，所以老师更多地会批评后边这个同学，老师通常

会说："他找你说话，你别理他就行了。"孩子没有办法理解老师的良苦用心，他就觉得特别委屈、生气、不公平。

我没有找老师换座位，而是抓住这个机会，帮助孩子学会解决问题。我首先跟孩子共情，即接纳孩子的情绪，并用我的语言把他的委屈、愤怒等负向情绪反馈出来，如我说："豆豆，同学找你说话，但是老师批评你更多，你觉得特别难过和委屈，觉得不公平是不是？"孩子点头说："是呀，就是这么回事。"孩子的情绪就低落下来，这样的沟通过程大概持续了20分钟左右，孩子的情绪慢慢平静下来，说话的时候不是大喘气，脸色也恢复如初，最后长出了一口气，我知道这个接纳、反映的过程基本结束。

这个过程中，我没有跟孩子讨论这个问题怎么办，也没有跟他讨论老师批评他是否正确、是否公平等，我所有的关注点都是豆豆的情绪状态，让他感觉妈妈最关心他的感觉。我像一面镜子，把豆豆的情绪用我的语言描述出来。当豆豆慢慢平静时，我跟孩子说："看起来你的情绪有点低落，怎么做能让自己的情绪好一点呢？"此时我的目的是调动孩子的积极性，豆豆比较喜欢吃，他说："妈妈，我去吃个冰激凌可能就高兴了。"吃完以后，孩子的情绪基本稳定了。

（二）讨论：问题解决六步骤让孩子学会问题解决

这个时候我再跟他进入沟通三部曲的第三个环节——讨论。讨论的时候，第一，要通过接纳、反映的过程聚焦问题，明确远期目标是提高豆豆的自控力，近期目标是让前面的同学眼睛看着老师。如同学找他说话，孩子控制不了自己，也会跟这个孩子说话，甚至有一次班级开公开课，父母都在后边坐着，前面那个同学回头跟豆豆说话，豆豆知道后面有父母，就没敢说话，前面那个同学觉得很无聊，因为他说了半天，豆豆都不理他，他就把自己的书包掏空了，然后把空书包扣在豆豆头上。豆豆把书包拿下来，眼睛看着老师，仿佛什么都没有发生一样，大家都笑了。针对近期目标，我问豆豆："同学总是回头跟你说话，你有什么办法让这个同学脸朝前、眼睛看着老师？"

第二，用脑力激荡法找到可能的方法。豆豆说："我就跟他说你别看我，你眼睛看着老师。"我说："嗯，这是一个办法，如果他没有办法控制自己，他还是要看你怎么办？"他说："他回头说话的时候，我就不理他。"我说："真棒，你已经想到两个办法了，还有没有其他的办法？"豆豆又说："我让他眼睛看着老师，下课我给他点好吃的。"我说："这个方法听起来也不错。"这个环节就是引导孩子提出尽可能多的方法，父母不要进行任何的评价和判断。如果孩子说："我不知道怎么办。"父母可以说："如果是我，我有可能用……的方法。"按照这样的句型，给孩子的方法里边加几个解决办法。也可以跟孩子说："假如你们班某某同学（就是那种比较遵守课堂纪律的孩子）遇到这种情况，他可能会怎么办？"孩子观察别人的能力很强，他可能会说出解决办法。父母通过这种向孩子不断提问题的方式，引发孩子的思考，让他尽可能多地找到解决办法。

第三，评估每一个方法。如孩子回头跟你说话，你没忍住怎么办？如果你给同学好吃的，他不爱吃怎么办？……针对以上四个办法逐一分析，如果那样做可能遇到的问题和应对办法。

第四，从这些方法里挑出一个方法，豆豆挑的方法就是给同学好吃的，因为喜欢吃，他就想用这个方法。

第五，确定行动的时间，我问豆豆："你打算什么时候用这个方法？"豆豆说："明天我就试试。"

第六，反馈和评估，及时询问孩子行动的结果，并判断有效性和是否需要进一步地改进和提高。第二天晚上我问豆豆怎么样，豆豆说特别有效，他跟同学说："你上课如果眼睛看着老师，没有回头，下课我就给你喝一杯秋梨膏。"结果那个孩子真的一整节课都没有回头，下课豆豆就给他喝了秋梨膏。

　　这就是沟通三部曲的妙用，先和孩子"共情"，接纳、反映孩子的负向情绪，等孩子平静了再"讨论"——问题解决六步骤。孩子在学校遇到的问题，父母如果直接找老师、提要求，如让老师给孩子换座位，一方面会干涉老师正常教学活动，另一方面会错过良好的教育孩子的机会。如果父母运用沟通三部曲和孩子沟通，就像豆豆一样，他学会了管理情绪、提高了问题解决能力。

　　总之，在父母和孩子沟通的过程中，如果孩子遇到伤心、难过、沮丧等负向情绪，先用"接纳、反映"的方式和孩子共情，帮助孩子表达自己的感觉和想法，他的神经得到镇定，情绪垃圾得以释放。情绪平静后，再专注于"讨论"，用问题解决六步骤引导孩子发现解决办法，不要直接告诉孩子怎么做，而要不断地把问题抛给孩子，引发他的思考和行动。父母要和孩子约定，当孩子选定的方法无效时，要重复问题解决六步骤找到新的方法。

　　因为父母要接纳、反映孩子的情绪，接孩子的情绪垃圾，所以父母的情绪平静是前提条件。沟通之前或过程中，如果父母的情绪波动，如担心、生气、着急等，此时要放下孩子的问题，先处理父母的情绪，即灭火口诀——"一离二吸三凉水"，等自己的情绪平静以后，再来帮助孩子。如果父母不能管理情绪，就无法帮助孩子，因为你无法给孩子自己没有的东西。父母和孩子的情绪都平静时，两个人一起专注地解决问题，完成沟通三部曲：接纳—反映—讨论。

第六章

儿童时间管理效能：问题所有权与"我的信息"（孩子不听话怎么办）

沟通是以爱为出发点的互相尊重，就是父母和孩子都可以坦诚地表达自己的感觉和想法，不必担心被拒绝。

通过积极倾听（反映倾听）能够了解孩子的感觉和想法，当他遇到伤心、难过、沮丧等负向情绪的时候，他可以毫无顾忌地向父母表达出来，父母也无条件地积极接纳他的这些感觉。无论是什么感觉，都没有对或错，所以孩子不必担心，父母也愿意跟孩子一起分担这些情绪，通过积极倾听让孩子的感觉得以表达，负向情绪得以释放，神经镇定，心灵净化。

父母的感觉如何表达出来，让孩子也能够感觉到？当孩子不断地给父母制造麻烦，父母觉得很困惑、很伤心、很难过，甚至很生气的时候怎么办？如孩子早晨起床，你叫了他很多遍，他还不起，然后磨磨蹭蹭，起床以后一遍遍地烦你，一会儿说："妈妈，我的运动服哪儿去了？"又说："妈妈，我的家校通哪儿去了？""妈妈，我找不到了……"再如吃饭的时候一边吃一边玩，写作业的时候一边写一边玩，父母催了好多遍，孩子都不听的时候，父母也觉得特别烦，甚至伤心、难过、生气，这个时候怎么办？即当孩子不断地给父母造成困扰，父母觉得很烦的时候，要如何教育孩子？

要回答以上的问题，就要先了解"问题所有权"。我们都知道一个磨磨蹭蹭的孩子都有雷厉风行的父母，一个不爱干净的孩子都有特别爱干净的父母，一个丢三落四的孩子都有记忆力超好的父母。难道父母雷厉风行、爱干净、记忆力好错了吗？难道父母的良好行为是导致孩子不好行为的原因吗？当然不是，从以下几个方面的分析中我们就能找到答案了。

一、还给孩子成长的过程和权利

孩子的行为都是有目的的，凡是能达到行为目的的行为就保留下来，凡是没有达到行为目的的行为就被忽视了。在孩子的成长过程中，如果他自己没想起的事情，父母总是替他想着，如孩子还没有渴的时候，父母已经把水端上来了；孩子还没有要去写作业的时候，父母已经开始催促了。父母的行为总是在孩子的前面，久而久之，孩子就认为这些事都是父母应该干的，自己不需要动脑筋。我们是不是常常听到孩子说："妈妈，我给你考了一个100分；爸爸我给你考了个第一名！"你看，都是给你考的，他从来没认为学习是他自己的事情，什么穿衣、吃饭，他都不认为是自己的事情。

在这个过程中，父母一边催促，一边替孩子做事。有一个孩子，早晨起床的时候爸爸给喂饭，妈妈给梳头，奶奶给洗脸，这叫立体化服务，然后三个人一起催着孩子快点，直到孩子去上学，全家人才松了一口气。

这样造成的恶果就是父母剥夺了孩子学习和成长的权利，导致孩子很多技能都不会，生活不能自理。如在训练营，有个孩子不会剥鸡蛋皮，他的话很经典："老师，我们家的鸡蛋都是白色的，你这个鸡蛋怎么是红的呀，还这么硬，没法吃。"还有的孩子不会吃整个的水果，因为我们发给他们的是一整个橘子，或者一整个苹果，孩子就无从下口，他们家的水果都是削好了皮，掰好了瓣，甚至放在冰箱里，冰一冰才拿出来吃的。还有的孩子不会系鞋带，鞋带开了，就一直甩来甩去，甚至会把自己绊倒，他也不知道要去系鞋带，提醒他后，绕来绕去的，半天也系不上。很夸张的是有一个孩子，我看到他裤腿那儿有一块裤脚耷拉在外面，不知道是什么，仔细一看，原来是他的秋裤。这个孩子把腿穿到秋裤的外边，秋裤腿一直在外面晃着，孩子也无知无觉。孩子不知道如何管理自己，就是因为父母包办代替太多，剥夺了孩子成长的机会。

我曾经在一个公园里看到两个孩子玩沙子，一个是外国小孩，一个是中国小孩，他们玩的过程中，就是沙子放到漏斗里，再把漏斗放到瓶子那儿，想把瓶子装满沙子。刚开始的时候孩子把沙子放到漏斗里，跑到瓶子那儿的时候，洒得差不多了。中国妈妈赶紧跑过去，跟孩子说："来，妈妈教你，你看，把漏斗放到瓶子上，然后把沙子直接倒进去。"不到一分钟孩子就学会了，虽然孩子也很开心，但是他玩了一会儿就不玩了。

而另一个外国孩子的妈妈一直看着他玩，没有过去，这孩子一趟一趟地跑过去，偶尔的一次，手堵在漏斗下面，留下了一些沙子，再经过几次错误以后，他发现把漏斗直接放到瓶子上，可以快速地装满瓶子。这个过程大概有半小时，当孩子发现这个方法时，开心地笑了。

孩子脸上的表情至今我都记忆犹新，他的眼神突然亮起来，脸色也亮起来，嘴巴张得大大的，因为他自己发现了解决问题的方法，那种惊喜让人感动。而我们中国孩子的妈妈，直接把解决问题的方法教给孩子，如同填鸭式，把我们嚼过以后的食物喂给孩子，孩子是被动接受这个方法的。前者自己发现解决问题的方法，这个过程中提高了解决问题的能力。后者接受了解决问题的方法，失去了探索的乐趣和能力的锻炼。这两个场景的对比，常常让我不断地反思，我们在教育孩子的过程中出现了什么问题，我们是否干涉太多，是否残忍地剥夺了孩子成长的过程和权利？

二、运用"我的信息"表达父母的感受

带着这样的思考，让我们进入"问题所有权和我的信息"。当父母遇到困惑的时候，应该如何做，才能让孩子觉得他的行为干扰了父母，从而去修正自己的行为？面对孩子不听话的行为，父母常用的方法是命令式、警告式、责罚或者威胁的，这都离不开七种传统的父母角色。孩子会认为自己很差，会觉得父母认为自己就是一个傻子，什么都不会，因为当孩子遇到问题时，

父母直接就告诉自己怎么办，剥夺了孩子思考的机会。这就是一种无效的沟通方式，孩子也没有机会知道自己的行为所带来的后果。

我们在训练的时候，有一次我正在跟一个孩子说话，另一个孩子"啪"就给了我一个嘴巴，当时我就愣了，当我回过头来看那个孩子的时候，我才知道，他实际上就是想告诉我一件事情，想跟我说话，因为我正在和别人说话，没有看见他，他想用手扳过我的头来听他说话，力气太大了，让我感觉像是打嘴巴。这个孩子在家里想说话的时候别人必须听，因此非常自我中心，延迟满足能力低。另外，他的动作没有轻重，他就想把我的头扳过去，却让我感觉是给了我一个嘴巴，他并不知道自己的行为带给别人的是什么。所以我就对孩子说："你是想跟我说话，想告诉我一件事情，对不对？"他说："是的！"然后我告诉他："当你这样把我的头扳过来，我觉得特别疼。"然后孩子说："老师，对不起！"

在这个过程中，我跟他沟通的方式是强调他的行为和我的感觉。当我告诉孩子我的感觉的时候，孩子很容易接受，没有逆反，并且主动承认了错误。如果我说："你怎么打我，你怎么这么没礼貌。"孩子一定觉得自己很差，不被尊重，担心被责罚，他就有可能顶嘴、找借口等来逃避责罚，如"我不是打你，我就想和你说话，我不是故意的"等。

以"你"开头的句子，更多的是批评指责，是一种无效的沟通方式。用"我的信息"来表达父母的感觉，其效用如同用积极倾听允许孩子表达他的感觉一样。这种沟通技巧是以"我"字开头的句子，告诉孩子，他的这些行为对我造成的困扰和痛苦，孩子感受到的是尊重和理解，是无条件积极接纳，孩子也会投桃报李，回馈给父母他的接纳和尊重。

通过积极倾听，父母跟孩子有一个良好的、亲密的关系，在此基础上，父母采用"我的信息"的方式与孩子沟通，孩子就会自动修正他的行为。

"我的信息"句型包括以下四个方面：第一，要描述孩子的行为，如"当你拍我脸的时候"，或者"当你用手扳我头的时候"。第二，告诉孩子你的感觉，如"我觉得很疼"。第三，说出原因，如"因为我正在跟同学讲话，你这样突然拍我，让我很没有面子"。第四，提出希望，如"我希望你下次能等我和同学说完话再说，或者你很着急，就轻轻拍我的手"，并且示范他怎样轻的一个幅度拍我的手，我是可以接受的。

当我表达我的感觉时，孩子说："对不起，老师，我下次就会轻拍你的手。"而且确实在以后的训练中，每当这个孩子想跟我说话的时候，他就用小手指轻轻地点一点我的手背。这个孩子，我告诉他一次，他就学会了。也有个孩子，拍我手背的时候力气很大，当时就红了一片，和孩子练习几次后，他就能轻轻地拍了。当然，"我的信息"有效的前提是你跟孩子有一个良好的关系，如良好的亲子关系、师生关系等，否则就需要先通过积极倾听来建立良好的关系。

三、"我的信息"的具体应用

"我的信息"的句型就是"当……我觉得……因为……我希望……"。

（一）孩子回家晚了

当你的孩子下午 5 点应该放学回家，结果 7 点还没到家，你非常着急，你到处打电话问，结果是别的同学都到家了，老师也没有留孩子在学校，不知道怎么回事。

当孩子 7 点多钟回家的时候，父母就会说："你这个孩子怎么那么不懂事，放学还不赶紧回家，也不知道说一声……"这种"你的信息"的表达方式，让孩子感觉父母生气了，为了逃避责罚，可能编造理由，为自己回家晚找借口；也可能顶嘴、狡辩、逆反，和父母发生冲突；还有可能闭口不言，三缄其口，让父母干着急。

孩子回来晚会儿有些愧疚，当父母不分青红皂白地责骂时，他的内疚也就释放了。其实父母找不到孩子，内心非常着急和担心，见到孩子的一刹那，那些担心消失了，取而代之的是愤怒，因此在和孩子的沟通中选码错误，导致孩子译码错误，完全感受不到父母的担心和着急，致使亲子关系紧张，更没有帮助孩子矫正其行为，错失了教育的良机。

如果用"我的信息"去沟通，效果完全不同。我们可以说："当你到点没有回家，我觉得很担心。因为外面车很多，也可能遇到坏人，天又黑了，我担心你的安全。我希望你下次有事提前让父母知道，打个电话，或者让同学带个话，也可以先回家再办你的事情。"父母在两个小时内不断地给其他同学的父母、老师打电话的时候，其实是担心和着急。这种"我的信息"的沟通方式让孩子能感受到父母的真实感觉，并且父母告诉孩子自己担心的原因是什么，让孩子更加理解父母的感觉，最后，父母提出希望，为孩子下一次遇到类似情况指明了方向。整个沟通过程中，父母没有对孩子批评指责，孩子会感受到自己的行为给父母带来的烦恼和困扰，这种内疚之心会成为孩子矫正自己行为的动力。

（二）豆豆趴着看书

豆豆小时候总喜欢趴在地上看书，以前我都是用"你的信息"直接告诉他："豆豆，起来，不要趴着看书，对你的眼睛不好。"或者威胁他："你再趴在地上看书，我就把书都没收。""你再不起来看书，今天就不让你看电视了。"结果是豆豆当时不情愿地起来了，没一会儿又会趴在地上看书了，我也不胜其烦。当我换成"我的信息"与孩子沟通时，效果奇佳。我说："豆豆，当我看到你趴在地板上看书，我觉得很担心，因为这样光线不好，姿势不对，眼睛离书太近了，很容易造成眼睛近视，我希望你坐起来看书，或者不看书。"当我说完以后，孩子看了我一眼，就站起来坐到桌子那儿去看书了，我当时觉得这个太神奇了，非常惊讶。

（三）孩子忘记倒垃圾

有一个孩子答应帮家里做家务，早晨上学的时候要顺手把垃圾扔下去。每天早上，妈妈都要提醒他倒垃圾，偶尔哪天没提醒，他就忘记倒垃圾。这种"提醒"的方式一直没有效果，每次孩子忘记倒垃圾的时候，父母都要批评他："你答应做家务却总是忘记，你这孩子怎么一点责任感都没有，答应的事情怎么不做，以后我们答应你的事情，我们也不做。"这种方式用了很长时间，家庭战争常常爆发，孩子常常很不开心，觉得就这么点事，你们干吗唠唠叨叨、没完没了的。如果父母用"我的信息"沟通时，可以说："当你答应做家务，答应每天帮家里倒垃圾，你却没有做，我觉得很不舒服，有些失望，因为那样垃圾要放一天，很不卫生；而我们上班拿着大包小包，还要去扔垃圾，特别不方便；我希望你明天记得倒垃圾。"这样和孩子沟通，孩子就知道他没有倒垃圾这个行为，让父母感觉不好，给父母带来困扰和不便。如果我们之前能够积极倾听孩子，允许孩子表达他的想法和感觉，让他充分体会到父母的接纳和尊重，那么当你向孩子说你的感觉和想法的时候，孩子会给予同样的接纳和尊重。

（四）打电话时孩子总来烦你怎么办

假如你正在打电话，你的孩子就不断地来跟你说："妈妈，我的玩具找不到了。"或者"妈妈，我想让你多陪陪我。"这种情况下如果用"你的信息"

就会说："你不要来烦我，等我打完电话再说。"孩子过一会儿还来烦你，因为这种回应恰恰满足了孩子的行为目的，强化孩子这种骚扰的偏差行为。父母可以用"我的信息"来表达更有效，如："当妈妈正在打电话，你不断地来跟我说话，我觉得特别烦，因为我都没有办法听清楚阿姨说什么了，我希望你等我打完电话，5分钟以后我去找你，听你跟妈妈说这件事情，然后给你讲一个故事（或者带你吃冰激凌）。"并且用定时器定时5分钟，孩子的注意力就被转移到定时器上，耐心等待妈妈打电话，期待妈妈讲故事或者好吃的。这种沟通中，妈妈没有指责孩子的行为，而是告诉孩子，他的这个行为给妈妈造成困扰，那么孩子也会尊重我们的感觉，自动去修正自己的行为，当然，表达"我的信息"有效的前提是良好的亲子关系。

（五）表达"我的信息"的前提："积极倾听"

"我的信息"有效的前提是"积极倾听"。我们都有一张嘴巴、两只耳朵，这也告诉我们要先听别人说话，然后再表达自己的话。在和孩子沟通中，首先要以接纳和尊重的态度，积极倾听孩子说话，听孩子的感觉和想法，让孩子觉得他可以充分表达自己的感觉，而不会遭到父母的拒绝和否定。这样父母就会跟孩子建立良好的亲子关系，在此基础上表达父母"我的信息"，告诉孩子当他做这件事情的时候，给父母带来的困扰，孩子才会自动地去修正自己的行为。如果父母和孩子没有良好的亲子关系，即父母总是扮演七种传统的父母角色，没有积极倾听孩子，就无法让孩子尊重父母的感觉，更不能自动修正自己的错误。

（六）"我的信息"的误用

在运用"我的信息"的时候可能会出现一些问题，第一个问题就是挂羊头卖狗肉。如父母说："我觉得你就像猪一样笨。"看似"我的信息"，实际上这是"你的信息"，因为这句话表达的是对孩子的指责和批评，告诉孩子他不好、他不行。

第二个问题就是孩子无视你的感觉。当你表达"我的信息"的时候，孩子充耳不闻，没有任何反应。如孩子在看电视，你跟他说："当你答应我回家就写作业，而你却在看电视，书包都没打开，我觉得很生气，很不舒服。"孩子依然在看电视，对你不理不睬，充耳不闻。这时候，父母要先控制自己的情绪，可以用灭火口诀（一离二吸三凉水），等自己平静后就会明白，孩子这种"不作为"的行为，其实在告诉父母，之前你在积极倾听的那个部分做得不到位，孩子的感觉没有被尊重，孩子觉得你并没有让他表达他的感觉和想法，他也没有得到父母的肯定，没有感受到父母无条件接纳，那么他就会用这种方式回应你。

第三个问题就是当父母表达"我的信息"的时候，可能激发出孩子"我的信息"。如一个孩子回家把衣服、袜子一脱，随意地扔在沙发上，妈妈说："当你回家以后东西乱放，我觉得很烦，因为我整理了一天的屋子都白干了，我希望你赶紧收拾好，回屋里写作业。"这时候孩子说："我在学校都被老师逼了一天了，一回家你就对我唠唠叨叨的，烦死了。"这就是妈妈表达"我的信息"，激起了孩子的不爽感觉。此时父母要暂时放下自己的感觉，用积极倾听的方式专注于孩子的感觉。妈妈可以说："看起来你在学校里过得很不开心，你要不要跟妈妈说一说？"这就回到前文的积极倾听，父母可以坐下来听孩子说话，采用积极倾听的句型："你的感觉是？你的意思是？"让孩子充分表达他的感觉和想法，当孩子情绪平静以后，再专注解决孩子的问题。当孩子的问题解决以后，可以回到妈妈的感觉，表达父母"我的信息"。妈妈说："我看到这些东西乱放，觉得很不舒服，因为妈妈收拾了一整天，我希望……"

孩子刚刚充分地表达了自己的感觉和想法，感受到妈妈无条件的接纳和尊重，他没等妈妈说完就赶紧收拾自己的物品，回房间写作业去了。

我一再强调的是，要想让"我的信息"奏效，前提是父母积极倾听孩子，和孩子建立良好的亲子关系，只有父母允许孩子充分表达情绪（尤其是负向情绪）、无条件接纳孩子，孩子才会感受到父母的尊重，他才能够在父母表达"我的信息"时给予尊重和回应。

四、澄清问题所有权

在和孩子沟通中，父母常常不知道什么情况下用"我的信息"，什么情况下用"积极倾听"。如孩子早晨赖床、吃饭挑食、回家不写作业、天冷不加衣服等，哪些应该由孩子来负责，哪些应该由父母来负责，父母常常很困惑，不知道是否需要干涉孩子。

（一）什么是问题所有权

为了澄清父母的困惑，我们先来了解一个新的概念，即"问题所有权"。顾名思义，问题所有权即谁拥有问题？谁遇到困难？谁的目标没有达成？也就是某个问题或者行为归谁所有、该由谁来负责解决，如孩子早晨起床、穿衣、洗漱、东西乱放、挑食等，或者孩子不爱学习、在学校打架、答应的家务不做、乱拿东西等，这些问题是属于孩子应该解决的，还是属于父母应该干涉的？

托马斯·戈登博士对问题所有权进行了区分，有以下几个标准（见《父母效能培训手册》第102页）。

第一个标准就是孩子的需求没有得到满足，他有烦恼，如孩子想玩游戏，而父母不让他玩游戏，那么他想玩游戏的需求没有得到满足，有烦恼，这个问题所有权就属于孩子，即孩子拥有这个问题，应该由孩子负责解决这个问题。

第二个标准就是孩子的需求得到满足，没有烦恼，也没有对父母造成烦恼，即双方都没有烦恼，如孩子想玩游戏，而父母也同意他玩游戏，如玩半个小时，那么在这半个小时游戏时间里，孩子的需要得到了满足，父母也没有烦恼，这就是没有问题。

第三个标准就是孩子需求得到满足，如孩子玩游戏超过半个小时，父母允许的是半个小时，而孩子超过半个小时还不停，这个时候孩子没有烦恼，但是父母有烦恼。因为父母觉得玩半个小时以上不仅耽误学习，而且对眼睛不好。这个问题所有权就是父母的，也就是父母需要去解决这个问题。

第四个标准是孩子与父母的需求有所冲突，产生亲子纠纷，有待调解，则亲子双方需共同探索解决的方法。如孩子答应参加家庭聚会，却临时因为同学来玩而不想参加。

（二）利用两个问题分清问题所有权

还有一个简单方法，来判断问题所有权是否是父母的。父母可以问自己两个问题：第一个问题就是孩子的行为是否干扰到我？第二个问题是孩子的行为对自己或对他人是否有危险？如孩子玩游戏这件事，父母同意玩半个小时，所以在半小时之内，父母对以上两个问题的回答都是"否"，没有干扰到父母，对孩子和他人也没有危险，玩半小时游戏对孩子的视力不会有太大的伤害。那么问题所有权就不是父母的。

如果孩子玩游戏超过半个小时，甚至一个小时还不关的时候，父母再问自己以上两个问题：第一，孩子的行为是否干扰到我？回答是肯定的，因为父母允许孩子玩半个小时，孩子答应到点关游戏，他还不关，这就干扰到父母，所以这个问题所有权就是父母的。

问题所有权的区分，不是用问题来区分，而是看父母怎么回答以上两个问题。这两个问题中，但凡有一个问题的回答是肯定的，那么这个问题都属于父母。如孩子吃饭挑食，父母可以问自己，孩子吃饭挑食有没有干扰到我？有的父母回答："没有干扰到我。"然后父母继续问自己，孩子挑食对他有没有危险？如果父母回答："没有危险。"孩子挑食，不爱吃这个没关系，不爱吃的就少吃，爱吃的就多吃。那么孩子挑食这个问题所有权就不是父母的，应该留给孩子自己面对和解决。也有的父母对这个问题有不同的看法，他们的回答是肯定的。如父母觉得孩子挑食对孩子有危险，因为孩子挑食的话，他的身体可能就长不好。这样的话，这个问题所有权就是父母的了。

面对孩子的行为，问题所有权到底是孩子的还是父母的，有时候很难判断，其核心就在于父母的判断是什么，如果父母的回答都是否定的，那么问题所有权就不是父母的。如果父母的回答中，只要有一个是肯定的，那么问题所有权就是父母。区分问题所有权的目的，在于帮助父母和孩子有效沟通，帮助他们判断什么时候用积极倾听，什么时候用"我的信息"。

当问题所有权属于孩子时，父母要用积极倾听。如孩子在课堂上被老师批评了，回家很伤心，当孩子跟你说："妈妈，老师批评我了，我特别难过。"父母要用积极倾听的方式跟孩子沟通，听孩子说话，和孩子共情，这样才能真正帮助孩子面对自己的感觉，并进一步理清问题。就像前文的例子，孩子说想生病，通过积极倾听的沟通，其实他只是不想成为老师心目中的好学生，不想承担太大的压力。还有孩子说全班同学都欺负自己，通过积极倾听，实际上只有三个同学说他了。

五、问题所有权的应用

（一）小荣上课想喝水惹出的事端

有一个叫小荣的孩子，他跟妈妈说："老师批评我了。"妈妈说："跟妈妈说说是怎么回事？"小荣说："我上课的时候特别渴，就想喝水，又怕老师看见，就偷偷地拿水瓶，不小心水瓶就掉地上了。"小荣既想喝水，又不想让老师发现，因为他知道上课是不允许喝水的。水瓶掉地上了，他就悄悄地让前面那个同学帮他捡起来，结果前面那个同学不仅没给他捡，反而一脚把水瓶踢得更远了，水瓶在地上骨碌骨碌滚起来，老师发现后狠狠地批评小荣，小荣觉得很委屈，回家以后就跟妈妈说了这件事。

当孩子伤心、沮丧、难过的时候，即孩子的需求没有得到满足，有烦恼，问题所有权是孩子的，父母要积极倾听，先关注孩子的感觉，接纳孩子的负向情绪，很委屈，很伤心，很难过，在孩子平静之前不要讲上课应不应该喝水，应不应该让同学捡水瓶等。这个过程比较长，可能占到整个沟通过程的80%，即通情达理的"通情"。父母的积极倾听能够让孩子的神经镇静，心灵净化。当小荣不哭了，也不那么伤心了，长出了一口气，看得出来小荣平静了，这时候才可以进入下一个环节，通情达理的"达理"，即问题解决六步骤。

以前小荣犯了错误，妈妈会直接告诉小荣怎么做，如妈妈会说："小荣，上课不应该喝水，渴了就忍一会儿，等到下课再喝水。你违反了课堂纪律，老师批评你也没错啊。"每次妈妈都会批评小荣，认为他做得不对，小荣心里不服气，就会跟妈妈顶嘴、逆反，他所有的精力都是要反抗父母，从而忽视了问题解决。他会说："我渴了，忍不住了。""同学踢我的水瓶，老师怎么不批评他们？"妈妈提出一个方法，小荣就会提出反驳意见，当然他也不会尝试妈妈的方法，在学校还是常常犯错、被老师批评。这一次小荣妈妈用问题解决六步骤来帮助孩子学习如何面对问题和解决问题。

第一个步骤就是积极倾听，父母通过积极倾听让孩子的负向情绪得以释放，想法得以充分表达，再确定问题，如小荣的问题是上课违反课堂纪律，偷偷拿出水瓶，想喝水。

第二个步骤就是脑力激荡法，妈妈鼓励小荣提出所有可能的办法，对孩子提出的任何想法，无论对与错，都不要给予评价，不要告诉他这个行或者那个不行，更不要直接告诉小荣办法。妈妈可以说："小荣，下一次上课渴了想喝水怎么办？"小荣就说："下一次我下课的时候赶紧先喝水。"妈妈说："嗯，这是一个办法，还有吗？"小荣说："我可以稳稳地拿住水瓶，不掉到地上，就不会被老师发现。""水瓶掉到地上的时候，我不让同学帮忙捡起来。""我主动向老师说对不起，主动承认错误，老师就不会批评我了。"如果孩子说不出来，父母可以说："如果是你的同学，如小明（找一个表现好、上课遵守课堂纪律的同学为例）上课特别想喝水的时候，他会怎么做？"我们都知道旁观者清，如果是别人的问题，孩子就能帮他们想出很多办法。父母也可以说："如果是我遇到这个问题，我可能会怎么做。"用这样假设他人的方式，把父母的建议提供给孩子参考，而不是直接告诉孩子解决办法。

第三个步骤就要评估这些方法，每一个方法都要评估一下，如小荣说："我上课的时候就偷偷地喝水，然后手稳稳地拿住水瓶，不让老师发现。"妈妈不要评价是否可行，而要问孩子："这个方法你觉得有效吗？有没有可能又发生这种水瓶掉地上了，发出声音，或者说老师可能会看到你，也有可能同学看到你，告诉老师呀？"这就是评估，目的在于引导孩子思考这个方法实施的时候可能带来的后果是什么。小荣思考后说："有可能，我上课渴了就忍着，不喝水。下课的时候再喝。"可以和小荣评估每一个方法，帮助孩子预想每个方法如果实施的话，可能的结果是什么。

第四个步骤是选择一个方法，小荣选的是："我下课的时候赶紧喝水，万一忘了喝，上课想喝的时候，我就忍住了不喝水。"

第五个步骤就是行动，妈妈可以问："小荣，你想什么时候用这个方法？"和孩子确定开始的日期，即行动。小荣说："明天我就可以试一试。"一般来说，行动的日期不要超过一周，在一周之内实施。

第六个步骤是反馈和评估，跟孩子约定什么时候来反馈这个方法的有效性。如小荣答应第二天就试试，那么妈妈就要在第二天放学的时候，询问小荣："小荣，今天你下课的时候喝水了吗？"或者"你上课的时候想喝水，忍住了吗？"评估有效的方法可以保留下来，继续实施。如果方法无效，就要重新进行问题解决六步骤，重新找到新的方法。

通过问题解决六步骤，妈妈帮助小荣聚焦问题，即上课喝水、违反课堂纪律。沟通过程中，妈妈积极倾听孩子的委屈和伤心，帮助小荣释放负向情绪，当孩子的情绪平静以后，他所有的精力更加专注于问题的解决。在解决问题过程中，父母一定要学会提出问题，不断地把问题抛给孩子，引发孩子的思考，不要直接给孩子办法。

（二）一块糖化干戈为玉帛

有一个孩子长得人高马大的，在学校却总被欺负，总有人打他，即使个子比他矮一头的孩子都敢打他，每次孩子带着伤回家，妈妈就特别心疼，也特别气愤。一方面心疼孩子，一方面又怒其不争，觉得自己的孩子太没有骨气了。妈妈告诉他："人家打你，你不会打回去呀，谁再打你，你就把他撞倒，你这么大个儿，一屁股就把他坐翻了。"但是妈妈说的这些方法都无效，孩子根本就不用，他觉得："我这么大个儿撞过去，要把人撞坏了怎么办？我要把他撞疼了，他告诉老师怎么办？"不管妈妈说什么，孩子都不会用，还是经常被打。

后来妈妈用"积极倾听＋问题解决"的方式跟孩子沟通，当孩子被人家打、很伤心的时候，妈妈先积极倾听孩子的委屈，在孩子平静以后，妈妈问他："有什么办法解决这个问题呢？"孩子想了很多办法，当然其中有一条就是："我要带一块糖给他，他特别喜欢吃糖。"妈妈心想："我的孩子不是委曲求全嘛。"但她还是按照问题解决六步骤一步一步来，允许孩子选择这个方法，并实施。第二天孩子特别高兴地告诉妈妈："妈妈，我解决了这个问题，那个同学不打我了，而且他跟全班同学说，他要保护我，我们俩是好朋友。"

一块糖化干戈为玉帛，孩子通过自己的思考，找到了问题解决的办法，非常有智慧。父母用"积极倾听＋问题解决"，实际上父母是在帮助孩子寻找解决问题的办法，而不是把解决问题的办法直接给孩子。父母关注的是孩子成长的过程，训练的是他们解决问题的能力，因此也需要更多的时间，陪伴他们慢慢长大。

（三）孩子不好好吃饭怎么办

积极倾听不是万能的，让我们看看孩子不好好吃饭的例子，这在许多家庭都常见。如孩子吃饭的时候跑来跑去，该吃饭的时候还在看电视，父母叫了很多遍，孩子还不过来，父母用积极倾听就无效。

首先要判断问题所有权，父母要问自己两个问题：第一，孩子不吃饭有没有干扰我？第二，孩子到点不吃饭，少吃一顿饭对孩子有没有危险？如果父母的回答都是否定的，即"没有干扰我""没有危险"，则孩子拥有问题，这个问题所有权是孩子的，孩子可以选择不来吃饭，父母不需要干涉孩子。

当问题所有权是孩子的，父母可以让孩子选择是过来吃饭还是看电视、好好吃饭还是去玩，同时告诉孩子我们吃完饭就收拾了（说出具体的时间，如7点），在下一餐之前没有饭，只有水、水果、牛奶。如果孩子选择的是看电视，或者玩，父母应该尊重孩子的选择，允许孩子不来吃饭，孩子有权利选择不吃饭。

可是晚上的时候，孩子可能说："我饿了！要吃饭。"按照约定，今天没有现成的饭了，孩子的需求没有得到满足，有烦恼，他很伤心，很难过。父母不要说："谁让你该吃饭的时候不吃饭，饿了活该。"一边说一边给孩子准备晚饭，这样的话孩子就无法从错误中学习。父母正确的做法是，先要积极倾听孩子，可以跟孩子说："你今晚没吃饭，现在饿了不舒服，而且今晚没有饭了，你觉得更难过了，是吗？"妈妈没有指责孩子，而是描述孩子此时此刻的心情，孩子感到被接纳和理解。继而妈妈可以说："现在你很饿，有两个选择：一是自己去热饭来吃。二是吃水果，喝牛奶，明天我才做饭给你吃。"这样的沟通，孩子就学会了为他的行为负责任。

当父母内心感到困惑、不安或者生气愤怒的时候，问题所有权就是父母的。例如，你正在打电话，孩子不断来骚扰你；孩子答应做的事情没有做；孩子不断地把你的东西乱放，让你找不到；孩子到点没回家；孩子在外面打架，找家长……当父母拥有问题的时候，应对方法就是用"我的信息"告诉孩子父母的感觉是什么，不要用传统的做法直接纠正孩子的行为。

（四）孩子干扰父母怎么办

安安有一个新的赛车，他为了搭这个赛车，就把爸爸的工具包拿来用，用完之后随手扔在一边，爸爸想用的时候找不到了。对于这个行为，父母感觉困惑、不安，问题所有权是父母的。

当父母拥有问题的时候，传统父母可能有几种反应，第一种做法就是直接指责孩子，纠正孩子的行为，如告诉安安："下次你不许动我的工具包。"第二种做法就是试图改变环境，如给安安买一套工具，告诉安安："你以后用你自己的工具，不要用我的工具。"第三种方式就是恐吓和威胁，告诉安安："你下次再用我的工具，用完不放回原处，我就会惩罚你，修理你。"第四种方式的父母就会改变自己的想法，心想："反正孩子还小，等他长大了自然就懂了。"

这四种方式都没办法让孩子知道，他用了你的工具又不放回原处，你的感觉和困扰是什么。这四种方式都让孩子觉得，他的行为让父母生气了；或者说他这样做，自己就会被责罚。如果父母用"我的信息"告诉安安："安安，当你用了我的工具包，用完后又没有放回原处，我感觉很烦，因为我用的时候找不到，我希望你下次用完我的工具包要放回原处。"这样就会让安安知道自己的行为给父母造成了困扰，那么安安下一次就有可能用完之后把这个工具包放回原处，对于孩子的行为会有所改善。因为"我的信息"让孩子感到被接纳、被尊重，他会自动修复自己的行为。

六、少用"你的信息"促进亲子沟通

"我的信息"的核心就是父母要真实地表达自己的感觉。如爸爸下班回到家，感觉很累，他四岁的小儿子活蹦乱跳地跑过来，想让爸爸跟他玩，不断地缠着爸爸讲故事、骑大马、让爸爸带他下楼玩。爸爸很烦，就说："你好烦啊，你就不能自己玩会儿吗？"

这种"你的信息"传递到孩子耳中，他在译码的时候就会觉得："我很坏，我不被爸爸接受，不被爸爸爱。"孩子的自尊和自信都被打击了。如果爸爸能够真实地表达自己的感觉，情况完全不同。他可以说："我好累啊，你可不可以先玩一会儿？爸爸休息一会儿就陪你玩。"孩子收到爸爸"我的信息"的时候，他会译码"爸爸累了，等爸爸休息好了就来陪我玩了。"他不会觉得自己很坏。

爸爸在表达自己感觉的时候，如果说"你好烦"，孩子就会觉得自己很坏。如果爸爸说"我很累"，孩子就知道爸爸的感觉，不会妄自菲薄。前一种回应会让孩子没有自信，孩子会被打压，并有挫折感。后一种回应能够让孩子正确解读爸爸的感觉。如果爸爸能给出具体的时间，使用定时器定时，或者说："现在这根针指到 7（告诉孩子时针、分针、秒针的不同长度，如果孩子不认识数字，可以比画大致的位置），等指到 12 的时候，爸爸就来跟你玩。"孩子的注意力就被转移到去看那个表，关注针的变化，也可能独自玩一会儿。

用"我的信息"能够真诚表达父母的感觉，让孩子充分理解父母的行为。但是在我和父母的沟通中，我发现父母常常对"我的信息"不知所云，因为他们太多的时候陷入事件之中，习惯性地忽视自己的感觉。尤其是在父母的成长中，负面情绪常常被压抑下去，已经忘记如何表达了。

这里说的感觉是指父母的情绪，没有好坏之分的。情绪有"喜、怒、忧、思、悲、恐、惊"，这七情里只有一个喜是我们喜欢的，而另外的六个都是负向情绪，这些情绪对我们都有积极的意义。从小到大，我们不允许表达这些情绪，因此就压抑下去。当我们成为父母，面对孩子的负向情绪时，习惯性地采用传统的压抑或者发泄，都会让孩子再次感觉到挫折，致使他们也像父母一样不接受自己的负向情绪，压抑或发泄情绪。

如果父母能够真诚地表达自己的情绪，同时也积极接纳孩子的情绪，互相尊重，彼此都能充分表达自己的感觉和想法，而不必担心被拒绝，那么孩子就会健康发展，形成健康的人格。

父母和孩子有效沟通，首先就要分清问题所有权。按照前面的标准，父母要判断出问题所有权是孩子的，还是父母的。如果问题所有权是孩子的，就要用"积极倾听＋问题解决"来沟通。如果问题所有权是父母的，就要用"我的信息"来沟通。这两种沟通方式能够保证父母跟孩子彼此真诚地表达自己的感觉和想法，而不必担心对方会拒绝自己。这就是爱的传递和表达，用这种方式和孩子沟通，就不会让孩子觉得父母只爱一百分的孩子，或者父母只喜欢听话的孩子。父母也不会再用"你的信息"批评孩子，不会用生气、愤怒等负向情绪直接伤害孩子。负向情绪给人造成的伤害都是内在的、无形的，甚至是永久的。

从前，有一个脾气很坏的男孩，他的爸爸给了他一袋钉子，告诉他，每次发脾气或者跟人吵架的时候，就在院子的篱笆上钉一根。第一天，男孩钉了 37 根钉子。后面的几天他学会了控制自己的脾气，每天钉的钉子也逐渐减少了。他发现控制自己的脾气，实际上比钉钉子要容易得多。终于有一天，他一根钉子都没有钉，他高兴地把这件事告诉了爸爸。爸爸说："从今以后，如果你一天都没有发脾气，就可以在这天拔掉一根钉子。"日子一天一天过去，最后，钉子全被拔光了。爸爸带他来到篱笆边上，对他说："儿子，你做得很好，可是看看篱笆上的钉子洞，这些洞永远也不可能恢复了。就像你和一个人吵架，说了些难听的话，你就在他心里留下了一个伤口，像这个钉子洞一样。"

插一把刀子在一个人的身体里，再拔出来，伤口就难以愈合了。无论你怎么道歉，伤口总是在那儿。要知道，身体上的伤口和心灵上的伤口一样都难以恢复。每个钉子拔下来以后，还会有洞，说明我们对别人的伤害，对别人发脾气，这种伤害已经在人家的心里了。

所以父母要少对孩子发脾气。生气是正常的，但是发脾气、责罚孩子，不仅伤害孩子，同时也伤害自己。这个故事也告诉我们要勇敢地表达自己、接纳自己，也要接纳别人，积极倾听孩子，表达"我的信息"。

七、沟通三部曲：接纳、反映、讨论

综合积极倾听和"我的信息"，可以总结出沟通三部曲，即接纳、反映、讨论。

（一）沟通三部曲之接纳

第一步就是接纳。接纳是一种态度，就是允许对方完全地表达自己的感觉，无论这个感觉是什么。如孩子说，我们老师就是个巫婆，你是个坏妈妈，我再也不想上学了……无论孩子说的是什么，父母都要知道，这是他一时的情绪，要允许他充分表达出来。我们可以用重述、改句子、引导、摘要、举例子等方式鼓励孩子继续说下去。也要接纳自己，如孩子的行为骚扰到我们，或者孩子的行为让我们很烦恼，或者孩子答应做的事情没有做，孩子玩我的手机时把我的通讯录都删了……父母觉得烦恼、沮丧、伤心、生气等，接纳自己的这些负向情绪，告诉自己这很正常。

（二）沟通三部曲之反映

第二步就是反映。反映不同于反应，前者就像镜子一样，如孩子说我不想上学了，我们要反映给他，用积极倾听的技巧和句型，像镜子一样反射给孩子看，孩子的情绪就得到了理性的梳理，原来那种混沌的情绪状态就变成了一种理性，因为语言是一种理性的表达，这种"反映"让孩子看到他的感觉是上学有压力。接纳和反映的过程就是积极倾听（反映倾听），反复求证，不断地梳理孩子的负向情绪，帮助孩子的情绪得到净化。

（三）沟通三部曲之讨论

第三步就是讨论，即问题解决六步骤。前文以小荣的例子说明了六步骤的具体过程，这里再总结一下。

（1）了解和澄清问题。通过积极倾听澄清问题。

（2）脑力激荡法。通过脑力激荡法，把所有的解决办法都罗列出来，这个过程父母不要加入任何的判断和评价，不带有父母一点的建议和意见。

（3）评估。评估提出的每一个办法，如孩子说："他打我，我就打他。"或者说："他再打我，我就踢他。"父母当然不同意这些办法，但是孩子说出来之后父母也不要直接否定，你可以问孩子："如果他打你，你也打他，将会发生什么情况？"引导孩子想象一下可能的结果。如可能被打得更严重，或者被老师批评等，当孩子发现那个结果不是他想要的，他就不会用这个方法了。

（4）选择。孩子要从所有评估的方法里面选择一个他最想做的，如果孩子选了一个父母觉得不可行的办法，如孩子说："他要打我，我就踢他"，或者"我就扇他嘴巴"，孩子选了这个办法之后，父母需要再次强调可能出现的结果（在第（3）步的时候评估过了），告诉孩子他需要承担。如果孩子说："没关系，我不怕，我就要踢他。"看得出来，此时的孩子情绪并不平静。这说明沟通的第一、二步，即接纳、反映的过程还没有完成好，或者在讨论环节又激发了孩子的负向情绪，需要再次回到接纳、反映环节，让孩子的负向情绪充分表达，让孩子的情绪重新得到平静。

（5）承诺行动。当孩子选定一个有效的办法以后，就要跟孩子确定实施行动的时间。通常要在一周之内，如孩子说："我明天或者下周二就开始实施"，这都是可以的。

（6）反馈。跟孩子约定什么时候反馈，如孩子第二天或者下周二实施以后，回来就问问他，那天的效果怎么样啊。如果很好，就继续。如果并没有那么理想，就重新进行问题解决六步骤，直到找到有效的方法。

（四）沟通三部曲之应用：帮助孩子交到朋友

如有一个孩子他在学校里没有朋友，课间总是一个人待着。他跟妈妈说："我根本就不想交朋友，我认为自己待着挺好的。"从孩子的眼神可以看出，他很沮丧。妈妈先用积极倾听的办法，接纳和反映了他的情绪，等孩子平静后，妈妈继续和孩子理清问题，发现孩子想跟别人玩，但是他不会玩孩子们的游戏，也不知道如何让同学按照他的游戏规则玩。问题清楚以后，就用问题解决六步骤，让孩子选定一个办法，如先向同学请教他们玩的这个游戏怎么玩。当这个孩子第二天去学校，他就去找了一个同学说："你能教我这个游戏怎么玩吗？"结果那个孩子直接就拒绝了他，说："教你也没用，你那么笨，根本学不会。"

孩子回家就告诉妈妈这个结果，蔫头耷脑，很沮丧。妈妈先从接纳、反映开始，积极倾听孩子，如"当别人说你笨的时候，你觉得特别伤心吧？如果是我，也会很难过的"。等孩子平静后，再和孩子进入讨论环节，即问题解决六步骤，这是第二次沟通三部曲：接纳、反映、讨论。这样循环多次，他先是找同学问游戏怎么玩，被同学拒绝；然后他又想跟人家玩，人家也不带他玩；最后用的办法很有意思，他下课就观察别人怎么玩，这个方法非常有效，他把观察到的方法记录下来，回家后教妈妈怎么玩这个游戏。

在这个过程中，孩子对游戏越练越熟练，而妈妈在这个过程中也跟孩子学会了亲子之间的互动。以前妈妈只会给孩子讲故事，所以他的孩子特别爱看书，别的方面都不会，因为妈妈从小就没玩过，也不会玩。在跟儿子玩游戏的过程中，亲子之间的笑声越来越多了，孩子在这半小时的游戏时间里，情绪得到了释放。妈妈发现他晚上写作业的效率也提高了，这真是太神奇了。孩子在学校里，再也不用问人家怎么玩游戏，而是直接跟同学玩起来了，很快就融入同学中，交到了很多朋友。这就是沟通三部曲所带来的神奇效果。

（五）当父母表达"我的信息"引发孩子负向情绪怎么办

当孩子的行为给父母造成了困扰，需要父母用"我的信息"表达自己的感觉。如果发现孩子的情绪也很沮丧，需要用沟通三部曲，即"积极倾听＋问题解决"和孩子沟通，这种两难的情况如何应对？

如一个五年级的孩子考试没考好，回家以后垂头丧气的，就把书包往沙发上一丢，把他的鞋跟臭袜子一踢，踢到角落里，妈妈本来想用"我的信息"的沟通方式，让孩子把这些东西收拾起来，但是妈妈知道，如果这么说的话，孩子马上就会说："我在学校里都被老师批了一天了"。这样的反应曾经发生过，所以这一次，妈妈一看到孩子垂头丧气的样子，就用积极倾听的沟通技巧问孩子："看起来你很沮丧，不开心吧？"孩子就说："是啊，我们老师太讨厌了，他出的什么破题，我根本就不会做，书上根本就没有。"然后妈妈说："你觉得特别不公平是不是？你花了这么多时间在课本上，老师却没有考这些题，很生气？"孩子说："就是，书上这些题我都会，老师考试的这些题我都不会。"妈妈跟孩子沟通的过程中，孩子的情绪慢慢平复下来。妈妈抚摸着孩子的头，等待孩子慢慢平静。

过了一段时间，妈妈说："要不要妈妈帮你复习一下？"孩子说："你怎么帮我复习啊？你又不是老师肚子里的蛔虫，你又不知道老师考什么？"妈妈说："那怎么办呢？要不然我每天花 20 分钟时间试试看？"孩子说："妈妈，你能不能把我那个自我测评的卷子找出来？我多做一点题也许就行了。"妈妈说："哦，你的意思是老师考试题是从那套题里出的？"孩子说："也不是。我们班有个同学就做了那套题，可是考得比我还差。"妈妈说："看来好像也不是那套题啊，那套题上也没有，那么还有什么办法呢？"妈妈就把这个问题抛给了孩子，引发孩子的思考。孩子说："其实老师考的也都在书上，他在课堂上都讲过了，我们班有一个同学的笔记记得特别好，就他考了 95 分。"妈妈说："看来这个笔记记得好，就能够考更高分，那说明这些题老师都在课堂上讲过了，那怎么办呢？"孩子说："要不然以后我也记笔记吧。"想了想又说："可是我记的没有那么快啊，怎么办呢？"思考后继续说："我可以借那个同学的笔记，下课的时候对一对、抄一抄。可是那个同学要复习怎么办呢？"然后孩子又自言自语地说："我也许可以请老师慢一点讲，也不行，老师不会听我的。对了，我可以拿录音笔，一边录下来，一边记笔记，下课的时候，我再对着录音笔复习一遍，就能记全了。"妈妈说："你太有办法了，你打算什么时候用呢？"孩子说："我明天就用。"妈妈说："你的录音笔和笔记本都准备好了吗？"孩子说："我都准备好了。"孩子信心百倍地把这件事解决了。

　　这个过程中妈妈用沟通三部曲，即"积极倾听 + 问题解决"，帮助孩子表达自己的负向情绪，和孩子讨论问题解决办法。当孩子的问题解决以后，妈妈表达"我的信息"，说："这个书包，还有这些衣服和臭袜子怎么办？熏得我都没有办法做饭了。"孩子不好意思地笑了，说："妈妈，我马上就收。"

　　当父母和孩子都有问题，问题所有权既属于父母，又属于孩子时，以孩子为先，即先"积极倾听 + 问题解决"（沟通三部曲）。等孩子的问题解决以后，再来关注父母的感觉，表达父母"我的信息"。因为父母先接纳、反映孩子的负向情绪，允许孩子充分表达自己的感觉，得到父母尊重的孩子很快就平静下来，专心面对和解决问题，很快就发现了解决问题的办法。这时候父母表达"我的信息"，告诉孩子他的行为给自己带来的困扰，孩子也会愿意尊重父母的感觉，并自动修正自己的行为。

第七章

儿童时间管理效能：
鼓励让孩子更自信

人需要鼓励，如同植物需要水一样，鼓励可以帮助孩子建立自尊、自信和自我价值，鼓励不会让孩子变坏。

一、母亲的"假话"助力孩子上清华

第一次参加家长会，幼儿园的老师说："你的儿子有多动症，在板凳上连3分钟都坐不了，你最好带他去医院看一看。"

回家的路上，儿子问她老师都说了些什么？她鼻子一酸，差点流下泪来。因为全班30名小朋友，唯有他表现最差，唯有对他，老师表现出不屑。然而，她还是告诉了她的儿子："老师表扬了你，说宝宝原来在板凳上坐不了1分钟，现在能坐3分钟了，其他的妈妈都非常羡慕妈妈，因为全班只有宝宝进步了。"那天晚上，她的儿子破天荒地吃了两碗米饭，并且没有让她喂。

儿子上小学了。家长会上，老师说："全班50名同学，这次数学考试，你儿子排49名。我们怀疑他智力有些障碍，你最好能带他去医院查一查。"回去的路上，她流下了泪。然而，当她回到家里，却对坐在桌前的儿子说："老师对你充满信心。他说了，你并不是个笨孩子，只要能细心些，会超过你的同桌的，这次你的同桌排在第21名。"说这话时，她发现，儿子暗淡的眼神一下子充满了光，沮丧的脸也一下子舒展开来。她甚至发现，儿子温顺得让她吃惊，好像长大了许多。第二天上学时，去得比平时都要早。

孩子上了初中，又一次家长会。她坐在儿子的座位上，等着老师点她儿子的名字，因为每次家长会，她儿子的名字在差生的行列总是被点到。然而，这次却出乎她的预料，直到结束，都没有听到。她有些不习惯。临别，去问老师，老师告诉她："按你儿子现在的成绩，考重点高中有点危险。"她怀着喜悦的心情走出校门，此时发现儿子在等她。路上她扶着儿子肩膀，心里有一种说不出的甜蜜，她告诉儿子："班主任对你非常满意，他说了，只要你努力，很有希望考上重点高中。"

高中毕业了。在一个大学录取通知书下达的日子，学校打电话让她儿子到学校去一趟。她有一种预感，儿子被清华大学录取了，因为在报考时，她给儿子说过，她相信他能考取这所学校。

儿子从学校回来，把一封印有清华大学招生办公室的特快专递交到她的手里，突然转身跑到自己房间里大哭起来。边哭边说："妈妈，我一直都知道我不是个聪明的孩子，是你……"这时，她悲喜交加，再也按捺不住十几年来凝聚在心中的泪水，任它打在手中的信封上。

妈妈通过对孩子的鼓励，帮助孩子健康快乐成长。从幼儿园开始，妈妈就看到孩子的进步，以前只能坐 1 分钟，而现在可以坐 3 分钟。从小学开始，妈妈为孩子设定合情合理的目标，现在考 49 名，同桌考 21 名；孩子对他的同桌很熟悉，知道他是如何努力的，所以妈妈把同桌作为目标，一方面降低孩子对目标的距离感，另一方面也说明了达到目标的方法——稍微努力一点就行。妈妈既能看到孩子的进步——只和自己的昨天比，又能帮助孩子设定可行性目标——同桌的 21 名和稍微努力一点。其实妈妈通过"假话"帮助孩子建立自尊、自信和自我价值，这样的方法始终贯穿在孩子成长的过程中，帮助孩子从普通中学到重点中学，直至清华大学。

二、鼓励和称赞的本质区别：鼓励不会宠坏孩子

也许有的人就会问，总是这样夸孩子，会不会把孩子夸坏了？再看一个故事大家就会明白了，鼓励和称赞是不同的。

（一）孩子的鼓励和妈妈的称赞

在一次训练课上，明明做了两架飞机，然后自言自语说："飞机得有飞机场"，他就用普通的纸和胶水做了一架立体机场。当老师看到的时候特别惊讶，说："明明，你这个机场太有创意了，不仅有候机大厅，还有停机坪和跑道。哇，还有一个观望塔。"明明说："我的停机坪有很多跑道，可以停很多很多架飞机。"看着孩子开心的样子，老师又像发现新大陆一样地说："你这个候机大厅里还有钟表呢，你这个钟表的指针还能动啊？"明明立刻高兴起来，他说："老师，你喜欢我的机场，我特别高兴，我要把这个机场带回家给我妈妈，我妈妈一定会夸我的。"旁边的小小说："你妈妈肯定不会夸你的，你妈妈送你是来学习的，你回家带回去一个纸飞机，还带回去这样一个立体机场，你妈妈一定会批评你的。"明明说："不会，我妈妈会夸我的。"这时老师看到其他孩子也都在说明明，你是来学习的，你怎么能做这个手工呢？此时老师就把课程停下来，问大家："你们怎么做，妈妈会夸你呢？"有个孩子说："我考一百分妈妈就会夸我的，还会给我好吃的。"另一个孩子说："我要听话，我妈妈就会夸我的。"还有的孩子说："我要得到老师的小奖状，我妈妈就会夸我。"孩子们的声音越来越小，原来他们发现妈妈很少夸他们，而且只有在他们成绩好、听话的时候才夸奖他们。

老师就换一个话题，让孩子们说说妈妈有什么优点，孩子们的眼睛亮起来了。有的孩子说："我妈妈特别会讲故事，她就是一个故事大王，她讲的故事绘声绘色，好听极了。"也有的孩子说："我妈妈就是一个好厨师，我们在外面吃了好吃的，只要我喜欢的，我妈妈回来都能给我做，跟外面的一样。"还有的孩子说："我妈妈特别辛苦，每天下班赶紧给我做饭，然后还要辅导我功课，太辛苦了。"另一个孩子说："我妈妈是一个营养师，她知道我容易上火，经常给我熬梨汤，梨要切得特别小，火也要特别小。"看着孩子们你一言我一语地说着妈妈们的优点，点点滴滴的付出，旁边的我也陷入了沉思。

通过这个案例，我们可以看出妈妈们夸孩子说的都是结果，都是孩子表现特别好的时候，如考一百分、听话、不玩游戏、爱学习等，而孩子们眼中的妈妈都是点点滴滴的努力和付出，是一个个温馨的过程，如煮梨汤、做好吃的、讲故事等，这就是鼓励和称赞的区别。孩子们对妈妈们的描述就是鼓励，是努力的过程；而妈妈们对孩子们的点评就是称赞，是一个结果，一个成功的点。

（二）鼓励和称赞的区别

鼓励和称赞不同，鼓励恰恰发生在孩子表现不好，很沮丧的时候。正如"母亲的假话"中的妈妈，她看到的是孩子成长的过程，虽然别的小朋友都坐15分钟了，可是她的孩子还只能坐3分钟，但是她没有跟其他人比，而是和孩子的昨天比，妈妈看到孩子的好行为——从1分钟到3分钟的变化，并引导孩子看到自己的努力和进步，这就是鼓励。

第一，鼓励是注重孩子建设性去处理生活的能力，如有一个小男孩，他早晨出门的时候，妈妈说今天要下雨，让他带上伞。孩子不想带伞，他觉得很麻烦，就没有带伞。放学的时候，真的下雨了。当孩子从学校里跑出来的时候，妈妈看到孩子拿着一张纸顶在头上。如果要鼓励，可以说："孩子，你能想到这样一个办法，用一张纸把头给盖住，头就不会淋到雨了，你太有创意了！"妈妈看到孩子的好行为，强化孩子创造性解决问题的能力，让孩子对自己更自信，更愿意面对困难和接受挑战。反之，妈妈就会批评孩子："早上让你带伞，你就不听话，偏不带伞，你看淋雨了吧，不听老人言吃亏在眼前！"这样的回应会让孩子受到挫折，觉得自己不够好，否定自我价值。

第二，鼓励注重内在的评价，注重内在的感觉。如孩子做了一个新模型，或者有一个新发明，如果鼓励，就会说："孩子，你做了一个新模型，看起来你对自己特别满意！"强调孩子内在的感觉。如果妈妈仅仅说："我觉得很骄傲，我太高兴了。"鼓励的效果没有前一个好，因为后者强调的是父母的感觉，很容易引导孩子忽视自己的内在感觉，他会觉得父母的感觉比自己的感觉重要，从而对外在评价敏感，不利于孩子建立自信和自尊。

第三，鼓励注重孩子的进步。如前文中的小男孩，他原来坐 1 分钟，现在能坐 3 分钟了，这就是进步。再如有个孩子语文考了 12 分，老师问他："你怎么才考 12 分？"孩子说："我不喜学语文，我根本就没学。"老师说："你没有学都能考 12 分，那你很有这方面的潜质。"结果下一次孩子考了 20 分。老师又说："你都没有学你就考了 20 分，你是怎么做到的？"孩子说："我就是随便翻了翻。"老师说："你随便翻了翻，就能够有这么大进步，一下进步了 8 分，说明你在这方面简直就是天才。"当老师这样鼓励孩子的时候，注重的是孩子的进步。孩子内在的感觉就是"我能行，我可以"。因此孩子愿意更多地投入，当然也会取得更大的进步。

第四，鼓励注重孩子的贡献和付出。如饭后孩子帮你刷碗，虽然孩子刷碗的时候，弄得满地都是水，甚至用了半瓶洗涤灵，而且父母还要花很多的时间去收拾。我们也要鼓励孩子积极帮忙的愿望，感谢他付出了时间和精力，这段时间他帮我们洗碗，而没有休息或者玩游戏。

鼓励看到的是孩子的贡献、内在的努力和付出，而不是以结果论成败。称赞就完全不一样了，称赞注重的是外在控制，孩子要听话，让干什么就干什么。如妈妈让孩子带伞，你就应该带伞。当孩子不听话，没带伞，被雨淋湿的时候，妈妈就不高兴，根本看不到孩子用纸遮住头这种创造性解决问题的好行为。再如，孩子高高兴兴说："妈妈你看，我今天半个小时就把作业做完了。"孩子想向妈妈炫耀他做得很快，他以前两个小时才写完作业，今天半个小时就写完了。当孩子期待父母的肯定时，父母却常常说："是啊，你是半个小时做完了，挺好的，有进步。可是你看错了这么多，还有这几个字太乱了，赶紧改错。"孩子的眼神立刻暗了，头也耷拉下来，不情愿地回到房间。

父母总是希望孩子听话，要求孩子按照父母的标准来做，以此来评价孩子。如果孩子达到父母的标准就是好，值得称赞；没达到就是不好，就会被批评。看得出来，称赞注重的是一个点，是孩子必须要达到父母的标准，重视结果，忽视孩子的贡献、努力和进步。长期使用称赞的方法教育孩子可能让孩子退缩，因为他会觉得如果我做不好，就会被批评，索性我就不做了。

鼓励则不会让人变坏，鼓励只会让孩子更自信、更愿意接受挑战。如我们训练的一个孩子，他写一页描红要用四个小时，一边写一边玩，或者发呆发愣，干坐着，一笔都不写。原来这个孩子在以前描红的过程中，每写一个字，他妈妈就会说这个字写得不够好，并帮他擦掉，让他重新写。这一篇描红，本来可能15分钟写完的，结果很多字不符合妈妈的期望，让他擦了重写，孩子不断地体验挫败，索性就不写了。他认为写了也要擦了重写，还会被批评，干脆就不写了，等着你来说就好了。

孩子的行为目的也从开始的吸引注意，到后来的争取权利，然后到报复，最后到自暴自弃。孩子的行为是具有两面性的，如果父母能看到孩子的进步，看到孩子的好，并且反馈给他的时候，孩子就会从内心认为"我是有价值的、我是可爱的、我是被父母心疼的"。这种内在的需求得到满足以后，就会用好的行为来回报你，不好的行为慢慢减少、消失。

（三）称赞转化为鼓励的两个条件

父母要学会用鼓励，而不是用称赞来帮助孩子建立自尊、自信和自我价值。当然父母也可以说"你真好、你真棒"等称赞常用语，因为称赞也可以转化为鼓励，依赖于以下两个条件。

第一，父母在称赞孩子的时候，是否发自内心地去接纳孩子本来的样子，真心说出称赞的话语。如你的孩子就是活泼好动的，你是不是能从内心接纳他是活泼好动的？就像三块巧克力的故事，妈妈接纳儿子活泼好动，从而发现他的好行为——神奇的想象力、杰出的修复能力，反思自己的教育——不应该总是提醒孩子、不应该把花瓶放到那么容易碰到的地方，妈妈的自我反省激发出孩子"我要做一个诚实的人"。再如孩子作业半小时完成，如果父母真心觉得孩子进步大，由衷说出"你真棒！"这就是鼓励，而不是称赞。如果父母内心觉得孩子虽然写得快，却不认真，又担心挫伤孩子的积极性，言不由衷地说出"你真棒！"这就不是鼓励！所以鼓励和称赞用语有时候很难区分，取决于父母在接纳孩子的时候是不是真心的，说出的话是不是有感而发。

第二，称赞要转化为鼓励的第二个条件就是行为目的，包括父母和孩子两方面的行为目的。首先，父母称赞孩子的行为时，如果是发自内心地看到孩子的进步、注重孩子的努力和付出，而不是想通过称赞的话语来控制孩子。如"母亲的假话"中，孩子中学家长会老师没有点名批评孩子，妈妈发自内心地开心，觉得孩子进步了，这时候有感而发的"你真好"就是鼓励。其次，孩子在表现特定行为并获得父母的称赞之后，他感受到父母关注自己的内心、肯定自己的努力，即接纳自己这个人，不是看重外在的行为，因而孩子不会为了获得父母的注意而有意表现这个特定行为。如孩子语文考试 12 分，老师说你对语文没兴趣、没学还考 12 分，你太有潜力了，老师这种发自内心的称赞话语："你太有潜力了"（类似"你真棒"），不会让孩子关注分数的提升（外在行为），而会让孩子感受到老师的肯定，被接纳的孩子愿意付出更多努力，花费更多时间学习，孩子的这种变化不是为了得到老师的肯定，不带任何行为目的。

在这两个前提下，即父母真心接纳、有感而发，孩子关注内心、没有行为目的，"你真好，你真棒"的称赞话语才可以转化为鼓励。因此，父母大可放心地去称赞孩子，只要是发自内心接纳孩子本来的样子，由衷地看到孩子的努力、付出和进步，任何时候父母的话都是鼓励，都可以帮助孩子建立自尊、自信和自我价值。

三、鼓励的六个原则：避免不正确的态度和行为

父母可能会问："既然鼓励是孩子成长、建立自尊和自信的基石，那我们到底要怎么做才能恰到好处？"以下介绍鼓励的原则，父母只有熟悉它们并加以合理运用，才可收到事半功倍的效果。

（一）真诚接纳

父母要真诚接纳孩子原来的样子，如孩子活泼好动、注意力时间短、只能坐 3 分钟等，父母要学习在这个基础上鼓励孩子。以一个小故事为例来说明鼓励的原则。

从前，有位叫史蒂芬·葛雷的孩子，有次当他想喝牛奶时，失手将奶瓶打翻，牛奶洒满了一地。母亲闻声赶来，看了看地上的牛奶，并没有责怪他，而是打趣说："我还没见过这么大的牛奶水坑呢！你想不想在牛奶中玩一会儿？"

尽管很愕然，但葛雷的确被妈妈的提议打动了，也这么做了。几分钟后，母亲接着说："很有趣吧？你知道，虽然玩起来快乐，但这带给妈妈的麻烦却

是加倍的，所以你应该和妈妈一起把它打扫干净。"葛雷依然沉浸在兴奋的情绪中，把清理牛奶也当成了玩耍的一种，和母亲有说有笑地把牛奶水坑打扫得干干净净。

之后，母亲告诉他："你已经做了一个失败的试验，现在让我们来学学看如何用两只小手拿大牛奶瓶。"母亲一边示范一边指导，聪明的葛雷很快就学会了。当他能够稳稳当当地握着牛奶瓶满屋子疯跑时，葛雷充满了成就感，兴奋地叫道："看！妈妈，我成功了！这真是神奇的一天，我在牛奶里快乐地打了个滚，学会了用小小的海绵清理大大的水坑，还知道了怎么像大人一样稳当地拿牛奶！"

这位叫史蒂芬·葛雷的孩子长大后成为著名的医学科学家，特别善于发现、钻研和解决问题。这和妈妈真诚接纳孩子是分不开的。妈妈对孩子的接纳和肯定，不仅保护了孩子幼小的心灵和学习的愿望，而且让孩子从错误中快乐学习和成长。有记者问道："你为什么比一般人更有创造力、更能另辟蹊径解决困难呢？"这位科学家向大家讲起了小时候有关牛奶水坑的故事，他说："就是在那一刻，我懂得了错误是学习新东西的机会这个道理，因此我们不需要害怕犯错，而应从中汲取教训、勇于实践，这样才能更快更好地进步！"

（二）尊重孩子积极的一面

孩子的行为具有两面性，从三块巧克力的故事，到陶行知先生和四颗糖的故事，可以看出孩子的行为有好的一面，也有不好的一面，关键在于父母看到哪一面。如果父母总是看到好的一面，并且告诉孩子，他就会建立自尊自信，会自动修复自己不好的行为。如果父母总是看到孩子不好的一面，孩子就会变得沮丧而逃避责任。

这个原则说起来简单，做起来并不容易，因为父母会习惯地性看到孩子不好的一面。有一次我在讲座中谈到鼓励，有一位妈妈在听讲座，她的儿子在旁边写作业。讲座结束后，这位妈妈就想立刻应用鼓励的方法，当她看到孩子写的作业"朝辞白帝彩云间"，指着一个字说："你这个字看起来还不错哦，你看这个'彩'字都没有少三撇。"一边说，一边拿笔把孩子那个'彩'字三撇添上了，因为孩子写的是"采"，真的少了三撇。这时候孩子就用手去捂妈妈的嘴，很不高兴的样子，他觉得妈妈当着我的面讽刺他。

妈妈很诧异，为什么自己鼓励孩子，而孩子却不高兴呢？从这个例子可以看出，父母不自觉地忽视了孩子积极的一面。这篇字里有写得好的，也有写得不好的，这个"彩"字甚至写错了，父母常常第一眼就看到孩子写错的部分。同样地，当父母拿到孩子的卷子，即使孩子考了99分，父母也一眼就看到那一分是怎么丢的，常常脱口而出："你这一分丢得太可惜了，这个加号到下面怎么就变成减号了？"或者"这个8怎么到下面就变成5了？"孩子本来高兴的心情，瞬间就变得低落了。

我曾经在小学门口看到一个妈妈接孩子，女儿开心地跑出来说："妈妈，妈妈，我今天考了95分。"妈妈也很开心地说："95分，太棒了！"妈妈接着问："你们班有几个考100分的呀？"孩子说："有10个。"然后妈妈又问："那考95分以上的呢？"这时候孩子声音就变小了："也有10个。"妈妈说："那有什么高兴的，你这不都是20名以外了嘛。"孩子低着头跟在妈妈后面。

父母习惯性看到孩子做得不够好的方面，而忽视孩子好的方面。父母怎样在鼓励过程中尊重孩子积极的一面？如要看到孩子95分是怎么来的，要先告诉孩子："哇！你今天考了95分，你是怎么做到的呀！"孩子立刻就会自信大涨，信心满满地说："我上课认真听讲，举手回答问题，回家多做练习，还有及时改错了。"再如，刚刚写字的例子，那位妈妈不知道如何发现孩子好的一面，如何鼓励孩子。我就问这位妈妈："你看孩子这篇字里面哪一个写得比较好？"那位妈妈说："说实话，我觉得写得都不怎么样。"我就让她矬子里面拔大个儿，找出一个写得不差的字，她说："这个'白'字还行。"我建议她鼓励孩子时可以这样说："我看到你写的这个'白'字，我觉得很舒服，你是怎么做到的呢？"或者"这个'白'字一看就写得很用心，跟其他字不一样，横平竖直占满格，太棒了！"被妈妈鼓励的孩子，有可能自觉发现这个"白"字到底是怎么写的，并如法炮制地修正其他的字。

有个一年级的孩子在写字的时候，每次妈妈发现写错的字，就帮忙擦掉让孩子重写。后来只要妈妈一过来，他就拿手捂住作业本，不让妈妈看。妈妈学习了鼓励的原则——要看孩子积极的一面，当妈妈看到孩子把字盖起来的时候，妈妈夸张地说："我看到了一个字，那个字写得超好看！"孩子很惊讶，他本以为妈妈又要来说他哪个字写得不好，结果妈妈没有那么说，反而说有一个字写得好看。孩子马上把手拿开说："妈妈，哪个字呀？"妈妈指出了其中的一个字，告诉孩子："这个字看起来特别舒服，你看这个字每一笔都在格子内，而且横平竖直占满格。"孩子听了妈妈的话，指着另一个字，问妈妈："那这个字呢？"妈妈又点评了这个字："这个字写得很流畅，每一笔都很用心，你是怎么做到的？"在妈妈的鼓励过程中，孩子主动把写得不好的字擦掉、重写，快乐地完成了整篇作业。如果父母能看到孩子积极的一面，孩子受到鼓励以后会自动修正不好的行为。

（三）注重孩子的努力和进步

例如一个孩子描红一页要用 4 个小时，一般孩子用 15 分钟。在一次训练中我看到这个孩子在写字，我跟孩子说："我要跟你打一个赌。"孩子说："什么赌呀？"我说："我一转眼，你这一行字就能写完了。"孩子看了我一眼说："我才不相信你呢。"然后我就离开了，用眼角悄悄观察这个孩子，过了大概

10分钟，这一行字总算写完了。我故作惊讶地说："哇！我怎么一转眼，你这一行字就写完了？真是太不可思议了！"我看到孩子的眼睛瞬间就亮了，小脸也发出光来，开心地说："哇！我好棒呀！老师你一转眼，我这一行字就写完了。"接下来的第二行、第三行都很快，在我的鼓励中，孩子越写越快，原本要写4个小时的一整篇字，今天一个小时之内写完了。鼓励就是要看到孩子的努力和进步，虽然别的孩子写一整篇字15分钟，而他这一行字就用了10分钟，我看到的是这个孩子坐在那里写字、没有去玩，这就是他的努力和付出，然后我看到他第二行比第一行写得快，这就是他的进步！当我看到这些，并用夸张的语气告诉孩子的时候，孩子因为自信而回馈给我更好的行为。

（四）肯定孩子的个别能力

如孩子在英语方面比较好，数学和语文稍差一些。父母要看孩子积极的一面，肯定他的个别能力，因此要先肯定孩子的英语能力。可以和孩子说："你游戏怎么玩得这么好？这些英语单词看起来很难，你都认识吗？这个游戏中好多单词我都不认识呀。"孩子说："老师，这些单词我都认识，玩游戏时发现不会的单词，我就去查字典。"我说："你太棒了，自我学习能力这么强，天哪，我简直佩服得五体投地了。"慢慢地孩子对其他科目也有兴趣了，开始花时间学习，能力也显著提高。

之所以发生这样神奇的效果，是因为孩子的学习能力是可以迁移的，当他在个别方面得到了肯定，实际上他的归属感得以满足，对自己的价值判断是积极的，孩子的自信和自尊随之建立起来。这种自信、自尊和自我价值可以应用在孩子的方方面面，慢慢地孩子的语文也有了进步，他开始查字典，学习那些不会的词。我继续鼓励孩子："哇！语文你也查字典了，不用老师教就学会这么多字，还有你竟然把学习英语的方法应用到语文上，太有创意了。"这些话看似很简单，其实我在用这样的方式暗示孩子，他其实已经有学好语文的能力了，从孩子的个别能力开始，迁移到其他的方面。

再如一个小男孩，各科学习成绩都不好，不爱写作业，但是他是一个非常热心的孩子，特别爱帮助同学和老师，希望得到老师的肯定。有时候老师为了让他完成作业，对他说："孩子，你把这个作业写完，老师给你一个好活让你干。"这孩子干脆就说："老师，别写作业了，太耽误时间，什么好活，你告诉我，我去帮你干。"老师就抓住孩子热心助人这个能力，和孩子约定每天告诉老师他的一个助人行为，或者他的一个进步。如以前同学一碰他，他就动手打回去，今天他告诉老师："老师，刚才某某同学碰了我，我没有打他，我来告诉您了。"老师肯定他的进步，可以说："你能第一时间来告诉老师，说明你特别信任我，老师也相信你每天都能有一个进步，真棒！"按照这样的约定，孩子因为每天都要告诉老师他的一个进步，或者助人行为，慢慢地他把帮助同学的这个特点应用到每一个同学身上，包括那些跟他关系不太好的同学。随着孩子的助人行为越来越多，同学关系改善，老师并没有说学习和作业的事情，孩子反而先在课堂上完成作业，回家也能完成家庭作业。一段时间后，孩子的各科学习都有进步。因此当父母肯定孩子个别能力的时候，只要有耐心，持之以恒，孩子的其他能力也一样会发展起来。

（五）避免说令人沮丧的话

有时候孩子会说："这个作文我不会写，那篇课文我背不下来，这首诗太难了，我根本就不会。"当他说"我不会"的时候，父母要仔细想一想他是真的不会，还是不愿意做。如果不是孩子能力不足，而是不愿意做这件事情，父母就要帮助孩子目标分解，因为孩子可能觉得这个任务太难了，或者太花费时间了。如写作文，一篇作文要写300字，孩子一想到这300字就觉得没有尽头了，他不能说"我不愿意写"，因为父母不会同意的，他就说"我不会"，父母就没有办法了。这时候父母可以跟孩子一起把这300字分解了，分成几个小片段，如作文分解成时间、地点、人物、事件，以及过程。让孩子针对以上的问题先造句，再整合在一起成为一篇作文，这样就很简单了。如孩子说周六上午（时间），我和小明（人物）在公园（地点）玩抓人游戏（事件），开始玩什么、后来玩什么（过程）。父母还可以引导孩子丰富每一个方面，如周六上午，天气如何、是否有阳光、花草树木如何，以此类推，还可以加入自己的感觉，如很开心。这些整合在一起，就是一个很简单的作文雏形了，重要的是孩子发现自己开始行动了，打破了"我不会"的魔障。

其实，父母进行目标分解的时候，如果孩子感觉到父母对他的正向期望，他就愿意行动，照着父母积极的期望去努力，即期望效应。这种期望效应来源于心理学的实验——罗森塔尔实验，也叫皮革马利翁效应。罗森塔尔是著名的心理学家，他曾经在一个学校里做了一个测试，然后就告诉老师，每个班有几个同学特别聪明，他们会大器晚成，虽然现在也许成绩不行，但是他们将来的成绩一定会很好。结果8个月以后再回来测试的时候，发现当初被他点名的那几个学生，成绩真的大幅度提高。实际上这些孩子是随机抽取的，为什么孩子有这么大的变化？是因为老师听从了罗森塔尔的话，认为这些孩子非常聪明，就在平时的教育中，给这些孩子更多的宽容，经常肯定他们的能力和进步，给他们更多的机会去表现自己，让孩子相信"我能行"，结果他们表现更多的是"我愿意去做""我已经开始行动了"，结果孩子的成绩真的提高了。

要避免孩子说"我不行""我不会"这种令人沮丧的话，也不要说"我试试看"这种使鼓励打折的话，而要多说"我开始行动了""我愿意做"等。

（六）从自我鼓励开始

父母从现在开始也要鼓励自己。有一个妈妈跟我说，"王老师，我又对孩子发脾气了，我还打了孩子，我怎么能这样子呢，我都已经向自己发誓，再也不对孩子发脾气，再也不打孩子了，可是我又打孩子了，孩子今天气呼呼地去上学了，我真担心他今天在学校里会不开心。"妈妈一口气说了这么多话，之后就累得瘫软在椅子上。我没有评价她今天的表现，而是问她："以前你多久发一次脾气？"她说："以前我天天都得发脾气，我天天跟孩子大吵大嚷的。"我又问她："你最近有多长时间没发脾气了？"她想了想说："有两个月了。"我说："你以前天天发脾气，你现在两个月发一次脾气，你觉得自己怎么样？"妈妈先是愣了一下，马上就笑了，她刚来的时候满脸的沮丧和无助，瞬间就化成了这种开心的笑容，她说："哇！王老师，你看我进步了吧，我以前天天发脾气，我现在两个月才发一次脾气，我今天得大大地奖励自己一下。"看得出来，妈妈瞬间就充满了力量。我也知道她有精力再次面对孩子的各种问题了。

鼓励真的要从自我开始，父母不是神，那么多年的习惯一下子改变是不可能的，父母也要遵循鼓励的原则，看到自己的进步，看到自己的个别能力，并且从自我鼓励开始。首先从自信心开始，如果父母对自己没有信心，不相信自己的能力，她就不可能帮助孩子，因为我们无法给别人我们自己都没有的东西。如果父母不鼓励自己，对自己没有信心，怎么能让孩子有信心呢？

父母要遵循鼓励的六个原则，先从自我鼓励开始，肯定自己的努力和付出。当自己做错的时候，想一想"我比以前进步了！"父母也要用同样的方法要求孩子，如孩子以前考 70 分，这一次他考了 71 分，父母可以鼓励他："孩子，你在分数上进步了一分，我们来看看你是怎么做到的呀？"如果孩子的成绩没有进步，他还是考了 70 分，甚至比 70 分还低，父母依然可以鼓励孩子："孩子，你的口算以前都会错几道的，这一次口算全对了，你是怎么做到的？"鼓励就是要从孩子的行为中找到积极的一面，找到微小的积极变化，并且告诉孩子他的努力和进步，帮助孩子建立自信。父母既要这样要求自己，也要这样要求孩子，和孩子一起建立自信心，共同成长。

四、鼓励三段论的简化版：美言录

父母对以上的鼓励原则都是赞同的，他们的困难在于面对孩子的时候，不知道如何说才能起到鼓励的作用，心里想着要鼓励，说出来的话却常常适得其反，就像前文的"朝辞白帝彩云间"的例子。父母具体实施鼓励的原则，就要学习鼓励的句型，即"鼓励三段论"，或者简化一点就叫"美言录"。

美言录包括三句话：第一，描述孩子的好行为。第二，描述父母看到这个好行为的感觉。第三，用具体的言辞告诉孩子细节。如"当我回家看到这个房间（好行为），我觉得很开心（感觉），因为你把笔放到笔筒里，书放到书架上，真是井然有序（细节）"。很多父母不会说第三句话，不会说细节，有一句万能的话父母一定要学会，即"你是怎么做到的？"

如"当我看到这个房间很整洁，我特别开心，你是怎么做到的？"他会说"我先扫地，再整理床铺，然后把书桌整理好……"孩子说的都是细节，而且自信满满。孩子天性里就会看到这些细节，当他这样说的时候，对自我也是一个积极的心理暗示。正如罗森塔尔效应，当你对自己有一个积极的期望，你就会向着积极的方向去发展，起到了积极的心理暗示作用。孩子说细节的时候，也能帮助他建立自尊、自信和自我价值。

如前文中孩子写"朝辞白帝彩云间"，父母可以用"鼓励三段论"（美言录）把孩子的好行为和父母的感觉联系起来，用细节给出孩子努力的方向。可以说："当我看到这个'白'字（好行为），我觉得特别舒服（感觉），因为横平竖直占满格（细节）。"或者问孩子："当我看到这个'白'字，我觉得很舒服，你是怎么做到的呀？"孩子会告诉你他是怎么做到的，补充细节。

有一个妈妈非常智慧，她给孩子写"美言录"，写道："我的儿子真优秀。"然后就问孩子："你能告诉妈妈，你今天做了什么让你觉得特别满意的？"孩子就会告诉她各种好行为。有一天，妈妈写了第一句话后，孩子说："今天我有一个特别重大的发现，我发现把肥皂泡在水里的时候，捏着，捏着，它就变小了。"其实妈妈下班回来洗手的时候，发现早上刚刚拿出来的一整块肥皂，现在已经变成了一点点。她猜测是孩子调皮捣蛋，本想等"美言录"后批评孩子这件事，没想到孩子却对这件事特别满意。父母习惯性看到孩子行为不好的一面，而孩子看到的是自己发现了一个特别大的秘密，肥皂在水里会变小，会有很多泡沫。如果父母能够看到孩子的努力，看到孩子身上的闪光点，也许你的孩子将来真的是一个科学家呢，就像前文那个妈妈，在孩子打碎牛奶瓶的时候，妈妈教会孩子怎样去承担自己的责任，怎样学会更好、更稳地拿牛奶瓶。

在父母鼓励孩子的时候，要用"鼓励三段论"，千万不要跟孩子说："你在玩电脑的时候这么专注，你要是学习也这么专注就好了。""你运动倒是挺用力的，但是你学习怎么不努力。"这种"yes…but…"句型，看似鼓励孩子，看到孩子好的一方面，却因为 but 又收了回去。如孩子很快写完作业，妈妈说："虽然你作业写得挺快的，但是你有这么多的错。"或者"你作业写得确实挺快的，可是字写得龙飞凤舞的，我根本都看不清楚。"这都是使鼓励打折的话，相当于你给了孩子一个精美的礼物，在孩子正在开心打开的时候，却又把这个礼物拿走了。与其这样"yes…but…"，还不如不说。所以在鼓励孩子的时候只说 yes（好的一面），不说 but（不好的一面），一定要忍住不说孩子不好的一面。

鼓励就是只看到孩子哪些方面有进步，哪些方面做得好，哪些方面很满意，你看了之后也特别开心，不仅告诉孩子，而且跟孩子一起为这件事情骄傲，甚至参与其中。随着孩子的成长，他的活泼好动、注意力不集中、磨蹭拖拉等行为会越来越少。所以这个 but 就留在你的心里，让孩子在你的鼓励声中更加自信，更加健康成长。

五、"我能行"的神奇：从小拇指到州长

鼓励帮助孩子建立自信，让孩子觉得我能行，并在这个过程中快乐地学习知识和技能。鼓励孩子时要遵循一定的策略和方法。

先看一个小故事，故事的主人公是个小男孩，他出生在贫民窟，周围的环境非常不好，他也受到了不好的影响。有一天他正在跳教室窗户时，被校长发现了，但是校长并没有责罚他，反而说："我看到你这个修长的小指，就觉得你将来肯定能当纽约州州长。"一句普通的话，改变了一个学生的人生。

此话出自美国纽约大沙头诺必塔小学校长皮尔保罗之口，话语中的"你"是指当时一名调皮捣蛋的学生罗杰·罗尔斯。小罗尔斯出生于美国纽约声名狼藉的大沙头贫民窟，那里环境肮脏、充满暴力，是偷渡者和流浪汉的聚集地。因此，他从小就受到了不良影响，读小学时经常逃学、打架、偷窃。一天，当他又从窗台上跳下，伸着小手走向讲台时，校长皮尔保罗将他逮了个正着。出乎意料的是，校长不但没有批评他，反而诚恳地说了上面的那句话，并给予语重心长的引导和鼓励。

当时的罗尔斯大吃一惊，因为在他不长的人生经历中只有奶奶让他振奋

过一次，说他可以成为五吨重的小船的船长。他记下了校长的话并坚信这是真实的。从那天起，"纽约州州长"就像一面旗帜在他心里高高飘扬。罗尔斯的衣服不再沾满泥土、罗尔斯的语言不再肮脏难听、罗尔斯的行动不再拖沓和漫无目的。在此后的40多年间，他没有一天不按州长的身份要求自己。51岁那年，他终于成了纽约州的州长。校长的一句话，让孩子觉得"我能行"，终于达成目标。

如果父母让孩子觉得我能行、我可以做到，尤其在每天学习、写作业的时候感受"我能行，我快乐"，这样的"乐学"日积月累，就会成为自信。所以让孩子觉得"我能行"的关键是"乐学"，就是让孩子在学习一项技能的时候感受到快乐，这就是鼓励的策略和方法——父母要时刻注意让孩子学习的时候是快乐的，是乐学的，无论运动，还是学习、写作业，或者跟同学交往都要让孩子在快乐中完成。

很多孩子在写作业的时候不开心，甚至是生气、哭着写的。父母不断地催促、唠叨着："回家让你先写作业再玩，你怎么就在看电视呀。""一回家你就把书包乱扔，到处都是你的脏袜子、脏鞋子，赶紧收拾好，去写作业。"父母通常都是这样开场，孩子气鼓鼓地坐在书桌旁，把书包里的书、本、笔拿出来，狠狠摔在桌上，垂头丧气的，前一秒钟还开心快乐地玩，眼神放光，一坐在书桌旁就开始无精打采的，一会儿要喝水，一会儿要小便，一会儿身上痒，一会儿又找不到东西了，总之就想逃避学习，完全不符合"乐学"的宗旨。

如何让孩子快乐学习，让他觉得我能行？大家知道"播种一个行为，收获一个习惯；播种一个习惯，收获一个性格，性格决定命运。"如果孩子成长中的每时每刻，点点滴滴，无论生活，还是学习，都是快乐的，就会养成乐观的习惯和积极的性格，那么他一定会成为幸福的普通人。因为孩子在成长中学习知识和技能的时候保持快乐，说明他有愉悦自己的能力，那么将来当他面对生活中的坎坷和问题时，就有能力解决问题，有能力愉悦自己。

六、孩子"乐学"不是梦

父母的职责要聚焦在如何让孩子乐学。有的父母说："乐学？怎么可能，那就是梦，哪有孩子愿意学习、写作业的。"还有的家长说："我和孩子只要不谈学习、写作业，都是快乐的。"现在我要告诉父母"乐学"不是梦，它是可以实现的。

（一）妈妈，我要去跑步

什么是乐学？怎样才能乐学？以豆豆跑步为例来说明这个问题。豆豆小时候是一个小胖子，他特别不爱运动，每次我都提醒他："豆豆，你该跑步了""豆豆，你该跳绳了"，当我提醒、催促无效时，我也威胁他："豆豆，今天你要是不跑步，就不给你肉吃。"或者哄他说："豆豆，你去跑步吧，我陪你一起跑。"这些方法都无效，每天为了运动，我都会和豆豆发生激烈冲突，不仅伤害亲子关系，而且豆豆对运动更不喜欢了。

当我学习了鼓励的策略和方法，我知道要让孩子"乐学"，首先要激发孩子想做事的愿望，激发豆豆愿意跑步、快乐跑步。豆豆喜欢玩游戏，每次他玩游戏的时候，都要问："妈妈，我可以玩游戏吗？"一般情况下，我都问他："你作业写完了吗？"他说："写完了。"接着我就说："那全对了吗？有没有要改错的？"孩子说："都对了，不信您检查。"我还会问他："书包收好了吗？衣服准备好了吗？……"问了一串问题后，我就说："好吧！玩5分钟，到点就关。"也许哪天孩子表现好，我也很高兴，就让孩子多玩几分钟。豆豆玩游戏都要求妈妈，妈妈的情绪决定他能不能玩、玩多长时间。

我就把这两件事联系了起来，豆豆喜欢玩游戏，而我不愿意让他玩。豆豆不爱跑步，而我想让他跑步。我提出了一个方案，跟豆豆说："豆豆，你愿不愿意跑多长时间步，就玩多长时间游戏？"这句话一出，豆豆的眼睛就亮起来了，他跟我说："妈妈，你说的是真的吗？如果我跑两个小时，我就能去玩两个小时游戏吗？"我说："那当然，你要是能连着跑两个小时，你就玩两个小时游戏。"

这里我要悄悄告诉各位父母，事先我已经试过了，我是一个很能跑的人，我跑了 20 分钟就跑不动了，所以我知道这个小胖子无论如何都不会跑过 20 分钟。我就很大方地许诺了孩子，豆豆马上就出去跑了。他在操场上跑呀跑呀……结果大家知道吗？他只跑了 5 分钟，就气喘吁吁跑不动了。豆豆回到家里，特别开心地玩了 5 分钟游戏。这 5 分钟游戏不是向妈妈求来的，而是他挣来的，他可以理直气壮地玩。定时器定好，5 分钟瞬间就到了，孩子觉得没玩够，他跟我说："妈妈，我要去跑步。"如果你的孩子很喜欢跑步，就不要用跑步作为任务。

（二）豆豆为啥爱跑步：从"狼追型"到"驱力型"

大家是否发现，之前都是妈妈说："豆豆，你要去跑步。你必须去跑步，你不跑步就……"现在变了，豆豆说："妈妈，我要去跑步！"我也很开心，孩子又去操场，这一次跑了 10 分钟就跑不动了。回到家里玩游戏，玩了 10 分钟。

这个过程从小学延续到中学，小学的时候他的体育成绩经常是达标，到中学时体育成绩良，初三毕业的时候豆豆中考体育满分。高一的时候，豆豆第一次以运动员身份参加了学校的运动会，跑了 100 米和 200 米，获得两块奖牌，其中有一项还破了学校的纪录。

从豆豆跑步的例子中，我们可以看到孩子原来是痛苦地跑步，现在是快乐地跑步，这就是父母教育方法改变带来的效果。原来父母那种提醒、催促、唠叨的教育方法叫"狼追型"，父母像狼一样在后面盯着他，催着他，赶着他。现在这种方法叫"驱力型"，分为外驱力和内驱力两种。孩子先是为了玩游戏而去跑步，这叫外驱力。之后孩子就会为了跑步而跑步，这个过程需要鼓励，我会说："豆豆，太阳这么晒，你还去跑步，你太能坚持了，妈妈要奖励你 2 分钟游戏。""豆豆，刮这么大风，下这么大雨，你还去跑步，你真是太有毅力了，妈妈要奖励你 5 分钟游戏。"

（三）美言录：从外驱力到内驱力

我在鼓励豆豆的时候，描述孩子的外在行为（跑步），归因在孩子内在的感觉和努力（坚持，有毅力）。豆豆虽然是为了玩游戏而去跑步的——外驱力激发孩子自主行动，我们都知道外因是通过内因来起作用的，当孩子主动跑步时，他的努力和坚持，以及毅力等内因都是存在并发挥作用的，而我只是进行内归因，让孩子看到他的行动和自己的努力、坚持、毅力等的因果关系，从而对自己充满信心。

孩子开始是外驱力（外因）激发行动，通过鼓励（美言录）就变成了内驱力（内因），外驱力向内驱力的转化是需要鼓励来完成的，而且需要持之以恒地坚持。豆豆从小学的体育成绩不好，慢慢到中学体育成绩好，然后到高中参加运动会，如今已经是大学三年级的学生，他早已不再为了玩游戏而去跑步，因为他喜欢上了运动。

（四）孩子为了玩游戏而跑步好吗

有人说孩子为了玩游戏而跑步，或者为了得红星换礼物而学习，甚至会和家长讨价还价，这样的方法对孩子好吗？孩子会不会因此而变得没有外在奖励就不做事了？

家长有此担心很正常，原因是家长没有理解"驱力型"分为外驱力和内驱力。当外驱力没有转化为内驱力时，确实有一定的局限性，也可能产生以上的问题。

外驱力不是最好的，但是外驱力好过"狼追型"，前者孩子主动做事，后者孩子被动做事，两害相权取其轻，对于那些孩子不愿意做、家长不断催促，甚至生气发脾气孩子才完成的事情（通常是学习、写作业），要帮助孩子制定"三表"，通过外驱力激发孩子主动完成。

"外驱力"控制的是孩子想要的东西（红星换礼物），"狼追型"控制的是孩子。孩子在"外驱力"激发下的行为重复多了，产生成功效应，有可能形成习惯。"狼追型"驱使下的行为重复多了，产生失败效应，不仅不会成为习惯，还会形成习得性无助（见第 42 页）。

当孩子主动完成任务时，配合"一录"（美言录），持之以恒（至少 6 个月），将外驱力转化为内驱力，帮助孩子从外控（狼追型）到内控 / 自控（外驱力），再从自控到自律（内驱力），即形成习惯，这才是驱力型教育的终极目标。

（五）豆豆为啥爱足球

同样的方法应用在豆豆踢足球上也取得了很好的效果。为了让孩子更好地锻炼身体，我想让豆豆踢足球。开始的时候，孩子不愿意，我就说如果豆豆在足球场上站一场，就有 10 分钟的游戏。豆豆守门，真的是站在那里，即使球从他脚边过，他都不踢。我又加了一项，如果他踢到球就加 1 分钟游戏。慢慢地豆豆从小学的时候站在球场上，到中学的时候被授予"铁卫"（钢铁后卫），为了抢一个球豆豆会拼尽全力，而且参加了北京市"百队杯"足球赛。

豆豆的运动兴趣和能力从原来的弱项，到现在的强项，都要归功于鼓励和美言录，归功于父母放弃"狼追型"、采用"驱力型"教育孩子。有的父母担心孩子为了好处才去做事，会不会对孩子的成长不利？事实证明不会，如豆豆开始为了游戏才跑步，只要坚持鼓励和内归因，孩子处于"乐学"中，他每次跑步的时候很辛苦，但是他想着跑步之后的游戏就有动力，发自内心地开心。这跟前文中的"软糖实验"有异曲同工之妙。

"软糖实验"里那些 4 岁的孩子，有的控制冲动、延迟满足，得到了第二颗糖；有的没有忍住，只得到一颗糖。在未来的 14 年中，那些能够控制冲动的孩子，他们的社会适应能力都好于那些没有忍住的孩子，这都归功于孩子的控制冲动、延迟满足，这种能力对孩子一生都有积极的作用。

训练孩子先苦后甜、控制冲动、延迟满足，就是训练孩子的自控力。如孩子回家想玩游戏，父母说："可以，写完作业再玩。"延迟满足一定要有好处，如豆豆想玩游戏，他就要延迟满足，要等待，先要苦——先跑步，用自己的付出换来游戏，满足自己的愿望。父母要鼓励孩子，进行内归因，告诉孩子他是多么能坚持、多么有毅力，还附加物质奖励，如增加游戏时间，孩子就会从中既享受到实惠，又感受到父母对自己努力的肯定，从而产生归属感和成就感，建立自信心，孩子的外驱力逐渐转化成了内驱力。

七、"三表一录"让"乐学"成为习惯

在《儿童时间管理训练手册》中，通过"时间表、星星表、礼物表"（三表）来激发孩子的外驱力，通过"美言录"（一录）把外驱力转化成内驱力，即"三表一录"。

（一）"三表一录"为"乐学"保驾护航

时间表即任务单，就是父母想让孩子完成的事情，如父母想让孩子回家写作业，或者回家做家务，早晨几点起床，晚上几点睡觉。把父母现在"狼追型"催促、提醒孩子的点点滴滴列在这个表上，作为孩子的工作内容。

星星表就是孩子完成以上时间表中的任务，可以得到的红星数目。如父母希望孩子 6:30 起床，红星的标准可以是 7 点起床 1 颗红星，提前 10 分钟加 1 颗红星，此项任务最多 4 颗红星。再如父母希望孩子回家就写作业，假设孩子 4:00 到家，得红星标准是 4:30 写作业 1 颗红星，每提前 10 分钟加 1 颗红星，此项任务最多 4 颗红星。以此类推，每一项任务要制定几个得红星的标准，孩子每天都可以得到红星，至于得到几颗红星，取决于孩子自己的选择，因为孩子每天想付出的努力是不同的。星星表相当于父母上班的工资，但是不要用钱，要用红星（或者红花、小贴画、金币等替代钱的标志，即代币制），因为钱很难完成转化，而红星可以转化——从外驱力到内驱力的转化。

礼物表就是孩子用红星可以兑换的礼物清单。如 5 颗红星可以换一张小贴画，一颗红星换一分钟游戏或电视；再如父母不希望孩子吃的垃圾食品也可以用红星换，如 30 颗红星可以换一个炸鸡腿，20 颗红星换一个鸡翅，10 颗红星换一个冰激凌……如果父母特别不愿意孩子吃油炸食品、膨化食品等，还可以加大兑换标准，如 50 颗星可以换一个鸡腿，100 颗红星换一次麦当劳等。

父母要告诉孩子他的需求得以满足的话，他需要付出的是什么，并且这个目标可行，孩子就会向着这方面去努力。父母尽可能不要直接拒绝孩子（除非有安全隐患，或者违背道德规范、法律法规的事情），少说或不说"不行，不可以"，因为如果父母总是拒绝孩子，孩子就学会了拒绝。当父母让孩子学习、写作业时，他也会习惯性地说"不行"。

"三表"用外驱力激发孩子主动做事，虽然不是最好的教育，但是它好过"狼追型"，因为"狼追型"教育中孩子被动做事，是因为害怕父母责罚才去做的。当父母不在旁边时，"狼"不在了，恐惧源消失，孩子的表现完全不一样。如有的父母管教孩子特别严（狼追型），孩子在家很乖，很听话。到学校的时候父母不在这儿，没有狼追着，他就原形毕露，上课接下茬、不写作业、捣乱、破坏公物、和同学发生冲突等。有个孩子在学校闹翻天，老师向父母说你的孩子在学校太淘气，没法管了，父母有点不相信，因为孩子在家里很乖。这种情况下，父母就要考虑是否自己过度应用"狼追型"教育，导致孩子严重缺乏自制力。

孩子主动做事以后，父母一定要配合"美言录"，用"鼓励三段论"来肯定孩子内在的努力和进步，进行内归因，向"内驱力"转化。如你知道孩子是为了玩游戏而跑步的，"美言录"时不要说这个部分，而要说："豆豆，你今天跑了 10 分钟，比昨天多了两分钟，你是怎么做到的呀？"孩子会告诉你："我不想跑的时候，我就坚持了一下，一咬牙我就坚持下来了。"然后你可以继续说："豆豆，你真能坚持，妈妈觉得你太棒了，我要给你多加 5 分钟游戏。"孩子也会受到鼓舞，第二天他可能跑更长一点时间，如 12 分钟，慢慢地孩子越跑越不费力，也渐渐喜欢上了跑步。当然，游戏不是无限制地玩，具体可以参考《儿童时间管理训练手册》关于游戏的规则。

（二）孩子的自控力只有 1 分钟怎么办

我用同样的方法训练孩子的专注力，效果显著。有一个小男孩，他刚开始来的时候只能坐 1 分钟，无法适应学校的学习，因为一堂课有 40 分钟。这个孩子在课堂上各种捣乱，总是被老师点名，回家以后也是写 1 分钟作业就要休息 15 分钟，父母开始是忍着，忍不住了就训他一顿，甚至打他一顿，每天写作业就像战争一样，每天都写到很晚，孩子睡眠严重不足。

他来训练的时候我就跟他说，我们今天就写 1 分钟作业，如果你能写 2 分钟老师就给你加一颗红星，以此类推。第一天这个孩子每次写 2 分钟，很专注，然后休息 15 分钟。他的红星在我的魔法商店里可以换礼物。第二天，他就能专注写作业 3 分钟，得到 2 颗红星。每天加 1 分钟，第一周结束时，他能专注写作业 6 分钟了。第二周的训练每天加 2 分钟，第三周的训练每天加 3 分钟。当然，孩子的进步比计划的快，15 天的训练结束后，孩子专注地写作业达到了 40 分钟。

在训练孩子自控力的过程中，一方面我通过外驱力（红星）激发孩子的内在动力，他不是因为害怕我或者因为我催促他而写，他是因为想得红星而写。另一方面，我还会鼓励孩子："孩子，你真能坚持，一下子就写了 5 分钟，你是怎么做到的呢？老师太惊讶了！"这样的鼓励引发孩子关注内在的努力，关注孩子已经取得的进步（从 1 分钟到 5 分钟）。我把这个方法教给他的父母，请他们回家以后继续坚持，让这种行为在快乐中重复，重复多了就会成为习惯。

（三）习惯养成需要 21 天？ 180 天？

一个行为要重复多少次才会成为习惯？有人说要 21 天，因为大家都在说 21 天养成一个好习惯。在我们的训练经验里，孩子好习惯的养成，21 天远远不够。21 天孩子可以学会这项技能，这并不是习惯。因为习惯有赖于两个标准：一是不做这件事就难受，二是不用想就自动去做这件事。按照这个标准，孩子好习惯的养成至少需要 180 天。父母在教孩子一件事时，如回家主动写作业，如果能用外驱力（三表）激发孩子主动写作业，并用内驱力（一录）肯定孩子内在的努力和进步，外驱力和内驱力（三表一录）坚持至少 180 天，完成外驱力向内驱力转化，孩子才可能养成回家主动写作业的好习惯。这只是孩子时间管理中的一个项目，其他的项目，如按时作息、适当运动、遵守游戏规则、和同学交往、作业质量、课堂纪律、有礼貌等，都需要一一进行时间管理。

（四）"乐学"的前提是目标分解

时间管理过程中必然涉及目标管理，以那个只能坐 1 分钟的小男孩为例，训练的目标是 40 分钟，首先进行目标分解，如第一周每天加 1 分钟，第二周每天加 2 分钟，第三周每天加 3 分钟，让孩子稍微努力就有进步，有成功的体验。再如有个孩子 10 分钟完成 10 道口算题，训练的目标是 5 分钟完成 60 道口算题，首先目标分解，60 道题分为 6 组，10 道题为 1 组；10 分钟完成 10 道题 1 颗红星，每提前 1 分钟加 1 颗红星，孩子自己决定完成几组口算。第一天，孩子 8 分钟完成 10 道题，得到 3 颗红星；第二天 5 分钟完成 10 道题，完成 2 组，共计得到 12 颗红星……孩子自主学习，主动写口算，一个月的"乐学"后，孩子 5 分钟完成 60 道题的目标达到。

如果不进行目标分解，如目标是坐 40 分钟，孩子目前只能坐 1 分钟，距离目标太远，立刻就进入破坏区，因为他无论如何也没有办法坚持 40 分钟。再如孩子 10 分钟完成 10 道口算题，如果用 5 分钟 60 道口算题来衡量孩子，也是无能为力的。因为目标太高，孩子怎么努力都失败，产生格维尔茨的成败效应之失败效应。

目标分解的重点在于让孩子看到希望，调动孩子的积极性，建立自信心。整个过程中，父母的鼓励和美言录要坚持，每天至少一句鼓励的话，如"今天 5 分钟就完成一组口算，太快了，你是怎么做到的？""你今天主动做 2 组口算，太有积极性了！你是怎么做到的？"目标分解以后，孩子稍微努力就能达到目标，体验成功，并得到父母的鼓励和肯定，产生格维尔茨的成败效应之成功效应，孩子愿意再努力，再尝试，建立自信、自尊和自我价值。

　　成功效应日积月累，就是每天快乐地学习和生活，即"乐学"，孩子就觉得"我能行"。当孩子的"我能行"累积起来，就成为积极乐观的习惯和性格，这就是父母的目标——鼓励孩子成为幸福的普通人。

第八章

儿童时间管理效能：
有效对待孩子的犯错行为

一、惩罚已失效

先从一个例子开始。当妈妈下班回家的时候，看到孩子在看电视，特别生气地说："跟你说过多少遍了，回家的时候要先写作业再看电视，昨天罚你不许玩游戏，今天罚你也不许看电视，这个礼拜都不许出去了。"孩子气呼呼地回到自己房间，然后把本子、书都摔到桌子上，坐在那气鼓鼓的，也不想写作业。妈妈特别生气，继而也很沮丧，责怪自己为什么这样唠唠叨叨的？她也不想，但是孩子的行为就是不见改变，怎么办呢？

父母都坚信一个教育理念，认为孩子听话就应该奖励，孩子不听话就应该惩罚。这种赏善罚恶的方式造就出这样的小孩，常常是孩子做了错事，而父母却气得不得了。如孩子写作业慢，父母先是提醒、催促，孩子边写边玩，父母生气了；如果孩子写得乱，或者错误百出还不改错，父母更生气，最后孩子也生气了。有的孩子经常在学校惹事，如上课说话、不写作业、和同学打架等，老师告状父母也会生气，责罚孩子。

惩罚的方法已经失效，因为惩罚容易培养出两种孩子：一种孩子就是特别听话，没有主见；另一种孩子就是特别叛逆不羁，父母头痛不已。取而代之的有效方法是自然与合理的行为结果。

先给大家讲一个小故事，通过这个小故事来说明自然与合理的行为结果。在英国的亚皮丹博物馆中，有两幅藏画格外引人注目。其中一幅是人体骨骼图，另一幅是人体血液循环图。说起这两幅藏画，里面有着一个引人入胜的故事。

原来，这两幅画是当年一个名叫麦克劳德的小学生的作品。麦克劳德从小充满好奇心，凡事总好寻根究底，不找到答案不肯罢休。有一天他突发奇想，想看看狗的内脏到底是什么样的，于是便和几个小伙伴偷偷地套住一只狗，将其宰杀后，把内脏一个一个割离，仔细观察。没想到这只狗不是别人家的，而是校长家的，且是校长十分宠爱的狗。对这事，校长甚为恼火，感到太不像话，如不严加惩罚，以后还不知会干些什么出格的事。但是，到底如何进行处罚，经过反复考虑，权衡利弊得失，校长采取了一个十分巧妙的处罚办法：罚麦克劳德画一幅人体骨骼图和一幅血液循环图。

麦克劳德很聪明，他知道自己错了，很内疚，应该接受处罚，并决心改正错误。于是他认认真真、仔仔细细地画好两幅图，校长和教师看后很满意，认为图画得好，对错误的认识态度很诚恳，杀狗之事便这样了结了。这样的处理方法，既使麦克劳德认识到了自己的错误，又保护了他的好奇心，还给了他一次学习生理知识的机会，使他对狗的解剖派上了用场。

后来，麦克劳德成了一位著名的解剖家，与医学家班廷一起研究发现了以前人们认为不可医治的糖尿病的胰岛素治疗方法，两人于1923年荣获了诺贝尔生理学/医学奖。

校长用这种独特的方式，既保护了孩子的闪光点——对解剖和科学的兴趣，又让孩子因为犯错而认真画图，这就是一种合理的行为结果，成就了孩子美好的未来。

二、行为结果与惩罚的区别

自然与合理的行为结果和惩罚不同，要遵循四个原则，这也是民主教育的原则。想起纪伯伦的一首诗，与各位父母共勉。

你的孩子其实不是你的孩子

你的孩子，其实不是你的孩子，

他们是生命对于自身渴望而诞生的孩子。

他们通过你来到这世界，却非因你而来，

他们在你身边，却并不属于你。

你可以给予他们的是你的爱，却不是你的想法，

因为他们自己有自己的思想。

你可以庇护的是他们的身体，却不是他们的灵魂，

因为他们的灵魂属于明天，属于你做梦也无法达到的明天。

你可以拼尽全力，变得像他们一样，

却不要让他们变得和你一样，

因为生命不会后退，也不在过去停留。

你是弓，儿女是从你那里射出的箭。

弓箭手望着未来之路上的箭靶，

他用尽力气将你拉开，使他的箭射得又快又远。

怀着快乐的心情，在弓箭手的手里弯曲吧，

因为他爱一路飞翔的箭，也爱无比稳定的弓。

（一）放弃控制

父母通常都觉得自己的方法是对的，自己的经验都非常丰富，直接告诉孩子不要走弯路，直接用父母的正确方法就行了。父母忘记了最重要的一点，就是孩子是一个独立的、有价值的个体，他有自己的思想和感觉，他不是父母的附属。

在我和豆豆之间曾发生了一件事情，有一天下午三点钟的时候，天气一下子阴了，马上就要下大雨了。这时候豆豆就要出门，而且要开车。我就很担心，脱口而出："要下雨了，不要开车出去了。"孩子坚持出去，说跟朋友约好了。我不自然地想告诉孩子要下大雨了，开车很危险。但是我马上意识到

自己这种控制欲，习惯性地认为自己是对的，自己的想法是为了孩子好，想让孩子听自己的。我赶紧停止说话，不再制止他。

豆豆出门了，伴随着我的担忧和焦急。和孩子的独立相比，我的担心和着急就不那么重要了。我知道要放弃控制，要尊重孩子，他有自己的想法，我应该相信孩子的能力。孩子出去以后大概 5 分钟左右吧，冰雹噼里啪啦倾泻下来。我更担心了，也不敢给孩子打电话，因为怕他开车接电话会出危险，这种焦急的心情一直持续着。

过了一会儿门开了，儿子回来了，他笑盈盈地站在我面前，我的心一下就放松了，我知道自己放弃控制、尊重孩子、让他选择是对的。原来他走到半路的时候雨就下起来了，接着就下起了冰雹，他觉得这样的天气开车很危险，所以就给同学打电话协商，取消了聚会。这个过程中因为我放弃了控制，没有要求他必须待在家里，必须听我的。他从这个沟通中感受到妈妈对他的尊重，也学习到下一次出门时要看一下天气预报。

这个小故事也给我们一个启示，即转变对孩子的教育理念和态度不是一件容易的事，更不是一朝一夕就能做到的，需要漫长的修炼和不断地自我反省。从 2004 年豆豆 8 岁开始，我就知道要放弃控制、尊重孩子的想法，直到他 20 岁，十几年过去了，作为父母，我还是忍不住要让孩子听自己的，不想让孩子走弯路，害怕孩子吃苦，这种想法一直存在，幸好我及时刹车，还给孩子独立做主的权利。这里想和父母分享的是，只要我们时刻提醒自己要放弃控制，要尊重孩子是一个独立的个体，给予孩子更多选择的机会，他会在错误中稳健成长。

（二）尊重孩子

有一个小男孩早晨起床的时候，妈妈给他准备了一件红毛衣，他说："我不想穿红毛衣，我想穿那件蓝色的运动服，因为那件衣服穿起来很帅。"妈妈说："今天有点冷，你还是要穿上红毛衣。"孩子说了几次以后，妈妈也非常坚持，最后这个孩子只能穿着红毛衣去上学了。因为他是一个小胖子，红毛衣非常瘦，有点紧身，小肚子鼓鼓的。到了学校以后同学们嘲笑他，说他是一个大肚汉。还说他是鼻涕虫，不想跟他玩，孩子就哭了。当天在课堂上，老师叫他回答问题的时候，他没有回答好，坐在地上号啕大哭，一直坐在地上不起来，严重干扰到了老师教学。

孩子的一系列反应就像多米诺骨牌，第一张牌被推倒以后，后面的牌自然而然倒了。妈妈没有尊重孩子的选择，让孩子必须穿红毛衣，这就是多米诺骨牌的第一张牌。其实穿红色的毛衣，还是蓝色的运动服，没有太大关系。孩子是否会冷，他是知道的，我们应该尊重孩子的选择。从早晨起床的时候妈妈没有尊重他，他觉得自己很差，开始情绪低落，就像装满炸药的炸药包。带着这种情绪垃圾到了学校以后，他跟同学和老师的不愉快情绪也装入情绪垃圾桶，就像导火索一样，瞬间引爆情绪，孩子坐在地上一发不可收拾。大家的嘲笑，让他觉得更没有面子，没有自尊，颜面扫地。

父母应该找到多米诺骨牌的第一张牌，即尊重孩子的选择，从根本上解决问题，而不要批评指责孩子一点点小事就爆发得如此猛烈。

（三）相信孩子的能力

父母要相信孩子有能力做好自己的事情。还记得两个玩沙子的孩子吗？外国孩子发现解决问题办法的过程中，他体验到了学习的乐趣，感觉到了尝试错误、错误递减的学习规律。中国父母常常为了怕孩子走弯路，会替孩子做很多事情，无意中剥夺了孩子学习的权利，丧失了成长的机会。

孩子从小被剥夺学习的权利，生活不能自理，如不会吃整个水果、不会剥鸡蛋、不会系鞋带等。这些自我管理的能力没有培养出来，等到他上学以后，面对学习压力，就会出现各种问题。因为学习最需要责任感，最需要自理能力，而孩子在学前的生活没有培养出这些自我管理的能力，到学习的时候，自然也没有办法迁移，造成他上课不会听讲，不会记作业，回家以后也不会安排自己的时间。

这时候父母又说："你作为小学生，应该会这个，应该会那个。"孩子从小就是父母包办代替的，没有机会练习这些能力。上学以后，父母又要求他具备这些能力，这是不可能的。所以孩子虽然上学了，可是他的心理、心智还停留在幼儿园阶段。有时候老师反馈说你的孩子心智有点滞后，他虽然是小学生了，可是行为举止像三四岁的孩子，原因就在于父母替孩子做事，不相信孩子有能力做好自己的事情，没有机会发展自己的能力。

（四）允许孩子犯错

当孩子犯错的时候，如果父母允许他犯错，不要过度批评他，他会从错误中学习。杰克·坎菲尔德是美国著名的儿童心理学家。他讲了两个故事。第一个故事与他的女儿有关：有一次，他和妻子、女儿一起出去吃饭。席间，7岁的女儿碰翻了装满饮料的玻璃杯。她自个儿把桌子擦干净之后，说："爸爸妈妈，我真想对你们说一声谢谢，因为你们没有像别的父母一样。我的朋友如果犯了这样的错误，他们的父母就会对他们大喊大叫，批评他们做事如何不小心。你们没有这样做，谢谢你们。"

第二个故事：一次，他和几位朋友聚餐。席间，发生了相同的事情，一个朋友5岁的儿子碰翻了一杯牛奶。孩子的父亲正要出语指责，杰克见状赶忙故意碰翻了自己面前的酒杯。他一面收拾残局，一面自嘲，说自己已经48岁了，还是这样不小心，仍然有把东西碰翻的时候。那孩子在一旁露出了笑脸。孩子的父亲也领会了杰克的意思，对孩子未加指责。

如果父母允许孩子犯错，他就会从错误中学习，这正是心理学家桑代克的试误说。孩子的成长就是不断犯错误的过程，当他犯错误的时候，成人给予宽容和改正的机会，孩子就会从错误中学习，他的错误就会越来越少。

三、区分自然与合理的行为结果

行为结果分为自然的行为结果和合理的行为结果两种。任何一个行为的发生都会伴随着相应的结果。如不吃饭就会饿，不穿衣服就会着凉，不好好写作业就会被老师批评，早晨起床磨蹭上学可能就会迟到。这些都是伴随着行为自然而然产生的，叫作自然的行为结果。

有些行为结果不能让孩子自然而然地体验，如孩子过马路不走人行道，孩子骑车不戴安全帽，或者小一点的孩子总是玩插座、剪刀、刀子、火等，这些行为对孩子有危险，不能让孩子自然地体验，就要用另一种方法，即合理的行为结果。它跟自然的行为结果最大的不同在于，前者需要父母跟孩子商量讨论出解决办法，由孩子选择具体用哪一个办法。

（一）孩子东西乱放怎么办

有一个小女孩叫慧慧，有一天气呼呼地来到妈妈面前说："妈妈，你把我的芭比娃娃藏到哪去了？我到处找都找不到。"妈妈也很生气，说："我把它丢了。"孩子说："你凭什么把我的娃娃丢了？你有什么资格丢我的娃娃？"妈妈说："你自己乱放还来质问我。"妈妈这种反应并不利于慧慧改正她的行为。如果用行为结果法，妈妈可以这样说："慧慧，确实是我把你的芭比娃娃收起来了，你记得我昨天拖地的时候，有没有告诉你我要拖地了？"慧慧说："有啊，你是告诉我了。"妈妈再问她："你记不记得我以前跟你说过，如果我拖地的时候，地板上的任何物品都随我处置？"慧慧低下头说："是啊，妈妈，你是这么说的。"妈妈进一步问她："我昨天拖地的时候告诉你了吗？"慧慧说："告诉了。"妈妈说："所以呢，我就把这个芭比娃娃收起来了，先在我这边存两天，到周末的时候我可以还给你。"慧慧知道这个娃娃在妈妈那边没有丢就很安心，而且知道确实是自己没有遵守约定，她就接受了这样的行为结果。然后下一次她就知道在妈妈拖地之前，把这个娃娃收起来，或者她就接受这个行为结果，即有几天她不能玩这个芭比娃娃了。伴随着慧慧东西乱放（行为的发生），自然的行为结果就是找不到这个玩具。合理的行为结果就是慧慧和妈妈约定，当妈妈拖地时地板上的物品随妈妈处置，因此妈妈要保存两天。

（二）孩子早上不起床怎么办

小美每天早晨都特别磨蹭，妈妈一般要叫几次她才会起床，起床以后她也很慢洗漱，吃饭的时候也磨磨蹭蹭的，因为怕迟到，妈妈每天早晨从叫起床到吃饭一直在催她。孩子也非常不高兴，就说："妈妈，你催催催，唠唠叨叨，没完没了，烦死了。"妈妈看小美这样说也非常生气，母女俩每天早晨都重复着这样的战争。

直到有一天，妈妈学会了自然的行为结果。妈妈对小美说："明天我只叫你一次，如果你不起床我就不会再叫你了，到点我就会去上班，如果你起床看到我不在家，你就自己坐公交车去上学。"小美答应了一声说："好吧，没关系，我自己可以坐公交车去，我知道怎么去。"妈妈也没说什么。

到了第二天，妈妈早晨真的只叫了小美一次，小美答应了一声又睡过去了，然后妈妈自己就去上班了。等到小美醒来的时候，发现天已经大亮，一看表快到10点钟了，小美急急忙忙穿衣服起来。一看家里没有人，桌上留了张纸条，妈妈说："我去上班了，我刚刚叫了你一次，你没有起，按照咱俩的约定，我就上班了，你自己坐公交车去上学吧。"小美没有办法，自己赶紧拿着公交卡就去上学了。来到学校的时候已经快到中午了，老师批评了小美。这就是自然的行为结果。

当小美早晨磨蹭，或者不起床的时候，她自然就会迟到，随之而来的老师批评她，孩子会从这个行为结果中学习到要早起。第二天早晨，妈妈一叫，小美就起来了。因为她从前一天的行为结果中学习到，要遵照妈妈的约定，就可以搭上妈妈的车，如果没按照约定起床，她就只能坐公交车去上学了，有可能迟到。

（三）孩子在学校的墙上乱画怎么办

有一个小男孩，刚上一年级，他喜欢在墙上乱画。在家里就习惯了这样乱画，到学校他还是按照这个习惯，在学校的墙上画画。刚开始画的时候，老师会批评他，但是没有用，后来老师也很生气，每次他在墙上乱画以后，就让他的父母来学校刷墙。父母刷了几次墙以后，也非常生气，每次都教训孩子，他每次都哭着告诉父母下次再也不敢了，可是他的行为并不见改善。几天以后孩子又在墙上乱画了，爸爸采用合理的行为结果，他跟孩子约定，下一次你在墙上乱画的时候，爸爸妈妈带你去学校刷墙，以前都是爸爸妈妈替你刷墙，下一次你要自己刷墙，而且刷墙要买涂料，买涂料的钱要从你的零花钱里扣除（如何给孩子零花钱，见《儿童时间管理训练手册》第71页），每个礼拜扣1元钱。这个孩子的零花钱每个礼拜有5元，孩子很爽快地答应了，他说："当然可以，我一定可以做到的，我再也不会在墙上画了。"

孩子说的话、下的决心跟他实际做到的相差是很远的，不久，孩子又在墙上画了，老师让父母来刷墙。爸爸就按照他们的约定买了涂料，周末带着孩子去学校刷墙，原本这一天是要带孩子爬香山的，结果因为要刷墙就不能去了。以前都是父母刷墙，很快就能完成。孩子挨了一顿训，甚至挨一顿打，只要咬咬牙挺过去，父母把这个活干完了，还是会带着孩子去玩、去吃，什么都没有耽误。以前这种孩子犯错，父母生气、刷墙，父母承担行为结果，孩子并没有成长。而这一次用了合理的行为结果，按照约定，让孩子刷墙，父母就坐在旁边看着孩子刷墙。孩子在刷墙的时候很不熟练，而且刷的时候把地上也弄得到处都是白点，刷完墙，还要把地上清理干净，时间很长，直到下午两三点的时候才干完。香山是不能爬了，中午饭还没吃呢，父母带着孩子回家了。

这个过程中，孩子会有抱怨、不高兴、退缩、耍赖等，父母不要唠叨、批评、指责，即我们常说的"马后炮"或"风凉话"，如"谁让你不听话，在墙上乱画！""你这都是自作自受，活该！"也不要因为不忍心孩子受苦而直接替代孩子刷墙，这样会强化孩子的偏差行为——他可能学会用耍赖、发脾气来达到行为目的。正确的做法是父母要用积极倾听（反映倾听）的技巧听孩子说话，允许他表达自己的感觉，给予无条件接纳，等孩子情绪平静后，继续刷墙。父母的态度是：平静坚定。

这一次刷墙以后，孩子再也没有在墙上画了。因为他为自己的行为（乱画）承担了结果，不仅没有爬香山，而且干了一天的活，连中午饭也没吃，同时他每个礼拜还要拿出1元钱来还买涂料的钱。一个礼拜1元钱，这件事就会持续很长时间。这段时间里，孩子都会记得刷墙这件事，也会约束自己的行为。

也许有的孩子还会犯错误，父母只要"平静坚定"地按照约定完成任务即可。孩子的成长就是犯错误的过程，只要他们的错误递减就是进步和成长。父母要看到孩子也许以前每月刷四次墙，用了合理的行为结果以后，每月刷三次墙，一段时间后，每月刷两次墙，直到不再刷墙。

　　这样的教育方法——合理的行为结果，让孩子体验到他的行为（在墙上乱画）所带来的行为结果（刷墙、买涂料、没完成、没吃好），这将会约束孩子的行为，自觉、主动地少做、不做这件事，孩子的自控力得以提高和改善，这就是成长。

四、区分合理的行为结果与惩罚的四个原则

　　有人说合理的行为结果不就是惩罚吗？回答是否定的，合理的行为结果与惩罚不同，可以从以下四个方面来区别。这四个方面都以英文字母 R 开始，因此合理的行为结果要符合 4R 原则，否则就可能是惩罚。

　　第一，相关性（Related）。如孩子在墙上乱画，合理的行为结果就是让他刷墙，二者之间是相关的。而惩罚就是直接训斥孩子一顿，或者打孩子一顿，二者之间没有相关性。

　　第二，尊重性（Respectful）。如孩子把墙画脏了，合理的行为结果只要让孩子按照约定去刷墙就行了。而惩罚可能是直接羞辱孩子，可能说："你都这么大了，怎么还干这么幼稚的事。"或者"你怎么这么幼稚呀，都上学了，还干这事，告诉你多少遍了，怎么就不听话呢。"对孩子完全没有尊重。

　　第三，合理性（Reasonable）。如孩子把一面墙给画脏了，合理的行为结果只要让孩子刷这一面墙就可以了，或者只把画脏的地方刷了就行。而惩罚可能是让孩子把所有的墙都刷一遍，非常不合理。

　　第四，预先告知（Revealed in Advance）。如爸爸提前和孩子说："下一次如果你在墙上乱画，我们就要去刷墙，而且买涂料的钱要从你的零花钱里扣除。"

五、合理的行为结果和惩罚的案例

如果父母用以上的标准难以判断二者的区别，以下用具体实例详细区分合理的行为结果与惩罚的不同，帮助父母更好地运用这个方法。

（一）权威与尊重

惩罚注重的是个人的权威，而合理的行为结果注重的是对孩子要尊重，让孩子在尊重中体验行为结果，学会社会规范。

如萍萍家来了客人，可是她在客厅里把电视开得声音很大，爸爸和客人说话都听不清楚了，如果用惩罚的方式回应，就会说："萍萍，把电视关了，你声音开得太大了，都吵到我们了。"萍萍就会感觉到爸爸这种语气中的威胁，虽然把电视关了，回到房间里可能就敲桌子、踢椅子，或者进一步打弟弟妹妹、残害宠物去发泄她的不满。

而合理的行为结果，爸爸可能说："萍萍，你的电视声音开得有点大，吵得我跟客人都听不清楚了，你现在把声音关小，还是不看电视？"萍萍在爸爸的"我的信息"和合理的行为结果表达中感受到自己被尊重，而且他也会尊重爸爸来回馈，她可能就会选择把电视声音关小，或者她暂时先不看电视。

（二）情绪与行为

惩罚依赖于父母的心情好坏，惩罚的方式与孩子所犯的错误没有关系。而合理的行为结果直接针对的是犯错的行为。

如亮亮放学没有直接回家，当他回家晚了的时候，父母如果是用惩罚的方式，就会说："亮亮，跟你说过多少次，放学赶紧回家，可是你还回这么晚，罚你这个礼拜都不许出去，周末不许找同学玩了。"这样的话亮亮就会很不服气，他觉得自己回家晚了，与周末找同学玩没有任何关系，父母太不公平了。所以他带着气鼓鼓的心情，不会合作的。

父母如果用合理的行为结果，就会说："亮亮，咱们约定好的，放学要及时回家。你今天回来晚了，我觉得特别担心，我希望下次你能够按时回家，或者提前跟父母说一声。"在这种合理的行为结果和"我的信息"的回应下，亮亮会知道自己做错事了，也会学会下一次要遵守约定，因为感受到父母的尊重，所以也会尊重父母、愿意合作。

（三）过去、现在和未来

惩罚注重的是过去的行为，而合理的行为结果注重的是现在和未来的行为。

如萍萍跟妈妈说："妈妈，我周末想邀请同学来家里玩。"而妈妈如果用惩罚的方式回应，就会说："不行，你上次带同学来家里玩，把家里搞得乱七八糟的，事后你又不帮我收拾，我一个人要收拾半天，累死了。"这样的回应让萍萍觉得妈妈不相信自己，自己没有机会展现能力，也没有机会改正自己的错误，心情变得特别的沮丧。

如果妈妈用合理的行为结果，可以这样说："萍萍，上次你带同学回家，把家里搞得很乱，也不收拾。只要你答应这一次带同学来玩，能把家里收拾干净，妈妈就会同意。"这时萍萍就会评估一下自己是否有能力把家里收拾整洁，她想自己可以请同学帮忙收拾。当她找到这个方法以后，她就答应了妈妈的要求，并且有可能按照妈妈的要求来做，因为她知道妈妈给她机会去改正自己的错误，会倍加珍惜的。

（四）对人和对事

惩罚注重的是人身攻击，而合理的行为结果注重的是对事不对人，对人是尊重的。

如一对小姐妹，姐姐和妹妹俩玩得很好，但是妹妹没有经过姐姐同意就拿了姐姐的彩笔，姐姐很生气，就去告诉妈妈："妈妈，妹妹没跟我说就拿了我的彩笔。"妈妈如果用惩罚的态度，就会说："有什么了不起，妹妹玩一下也不会玩坏了，你怎么那么小气。"又对妹妹说："你没有经过姐姐的同意，就拿她的笔，这不就像小偷一样吗。"当姐姐听到妈妈这样说她的时候，她会觉得特别委屈，觉得妈妈不尊重自己，不爱自己。明明是妹妹拿了自己的笔，妈妈却说自己小气，她可能生气，转而欺负妹妹。我知道有一个姐姐，妈妈总是要求她让着妹妹，对妹妹好一点，并且经常批评她。姐姐经常被误解，被批评，常常很生气，又不能对妈妈发火，也不敢明着欺负妹妹，有时候偷偷掐妹妹。

如果用合理的行为结果可以这样跟姐姐说："妹妹没有经过你的同意就拿你的东西，你觉得她太不尊重你吧？妈妈也知道你觉得很生气。但是因为这是你和妹妹之间的事情，妈妈也不想过多干预，妈妈相信你一定有办法解决这个问题。"在这样的回应中，妈妈接纳了姐姐的情绪，积极倾听了她的感觉，姐姐感觉到了妈妈对自己的尊重。而且妈妈相信她有能力解决问题，她可能就会按照妈妈的期待，去努力想办法解决问题。

（五）服从与选择

惩罚注重的是权威，要对方服从，而合理的行为结果注重孩子选择的权利。

如两兄弟正在玩，爸爸叫他们来吃饭，这两个兄弟打打闹闹走到餐桌旁，两个人拿筷子敲敲打打继续玩，脚还踢来踢去的。如果用惩罚的方式，爸爸就会说："赶紧停下来，快吃饭，要么安静地吃饭，要么就别吃了。"两个兄弟被迫服从，表面上不踢打了，可是他们眉来眼去的，嘴里含着饭还笑个不停，喷得到处都是饭粒，爸爸非常生气，这一餐饭吃得非常不开心。

父母如果用合理的行为结果，爸爸可以跟兄弟俩说："现在是吃饭时间，你们可以安静地吃饭，或者继续玩。"这个时候要允许孩子选择，如果孩子选择安静地吃饭，就没有问题。如果孩子选择到一边去玩，爸爸也要告诉他们："现在 6:30，7:00 我们就会把饭收起来了，如果你们两个人没吃，今天晚上就没饭了，只能等到明天早晨再吃饭。"如果两兄弟选择继续玩，父母要尊重他们的选择。等到他们玩够了，也感觉饿了，他们想吃饭的时候，爸爸可以平静地告诉他们，"按照我们的约定，今天晚餐没有了，你们只有水、牛奶、水果，明天早晨才有饭吃。"平静坚定地如约执行，体验到行为结果的孩子，到下一餐的时候，自然会到点来吃饭。

（六）威胁和温和

惩罚注重的是威胁的语气，而合理的行为结果是以温和与尊重的语气跟孩子说话。

如小力跟妈妈逛商场，看到玩具就想要，而且这个玩具他家里已经有很多了，他还是想要。妈妈说我们已经有很多了，不能再买，小力就开始哭。妈妈如果用惩罚的方法，就会说："不许哭，家里有那么多玩具，而且你答应了不再买玩具，我才带你出来玩的，你再哭我再也不带你出来了，看我回家不修理你才怪！"小力感觉到妈妈的愤怒，也害怕妈妈修理自己，一路上都非常不开心，低着头跟着妈妈走，整个逛商场的过程索然无味。

合理的行为结果可以这样跟孩子说："小力，你看到这个玩具特别喜欢，妈妈了解你的心情。但是咱们出来之前说好了，这次不买玩具，而且你也答应了我才带你出来的。所以现在要么我们安静地继续逛商场，之后去吃好吃的冰激凌，要么立即回家。"这样不仅给小力一个选择，而且让小力感受到妈妈的尊重。虽然自己没有遵守约定，但是妈妈没有让自己难堪，还会带自己去吃冰激凌，他还有机会下一次再买这个玩具，他就会很心安地跟着妈妈，他感受到了妈妈的爱，觉得特别有安全感。

六、合理的行为结果的应用：体面的"肉刑"

通过以上六个方面的案例分析，父母对合理的行为结果与惩罚的区别有了深入的了解，接下来以一个小故事来进一步说明这两者的不同。

（一）特殊的"惩罚"

当芭芭拉（作者的前妻，小琼妮的妈妈）气喘吁吁地赶回来后，小琼妮坦然地用眼神示意我可以肉刑了，我只得面色凝重地对她说道："请这位女孩体面地接受肉刑。"话音未落，小琼妮已经飞快地趴到了沙发上。

我为自己民主的教育方式沾沾自喜，可是仅过了一个星期，我就领教了民主的威力。我通常在夜里12点以前处理完第二天要见报的稿件，可由于这个星期天要陪小琼妮去中央公园，所以当天一直忙到凌晨3点。

早晨8点，闹钟响了，睡意正酣的我随手便把它扔进了垃圾桶。大约又过了半小时，穿戴整齐的小琼妮来到了我的床前，她拍了拍我的脸说："爸爸，你该起床了，要不然会误了幼儿园的班车的。"

"宝贝，让爸爸再睡10分钟，等会儿爸爸开车送你去幼儿园。"

"那好吧，爸爸，我先下楼喝奶，然后在客厅等你。"

你得明白清晨的酣睡对于一个35岁的成熟男人来说具有多大的诱惑力，因此，当我开车一路疾驰将小琼妮送到幼儿园后，已是上午10点半了。

劳拉女士是幼儿园的园长，也是我的热心读者。她走到小琼妮的面前蹲了下来，面带微笑地说道："琼妮，告诉劳拉，你为什么迟到了？"

"哦，小琼妮昨天玩累了，因此今天上午多睡了一会儿，请你原谅。"我在一旁随口答道。

"不，爸爸，你在撒谎！我没有贪睡，贪睡的是你！"身后的小琼妮愤怒地大叫起来，她的眼里满是泪水，惊愕的神情溢于言表。

我呆住了，窘迫地看着小琼妮，半天说不出话来，"非常抱歉，劳拉女士，的确是因为我贪睡而导致小琼妮迟到的，请你原谅。"我缓过神来，尴尬地向劳拉解释着。之后，我又蹲下来认真地看着小琼妮："宝贝，是爸爸错了，对不起。"

"爸爸，我接受你的道歉，可你承不承认你刚才撒谎？"小琼妮擦干眼泪，神情严肃地盯着我，"哦，这个，当然，爸爸刚才的确撒谎了，可是……"

"你现在有两种惩罚方式可以选择，"小琼妮竖起了两个手指头打断了我的话，"一，取消本周和辛蒂小姐的约会（我刚认识的女友）；二，接受肉刑。"

该死的，我选择接受肉刑！"可是你得明白，妈妈昨天就出差到南加州去了，我缺少一位'监刑官'，以便证实你在对我实施惩罚过程当中没有伤害我的尊严。"我企图蒙混过关，"要不这样，爸爸感恩节的时候买一双新的滑草鞋送给你，好不好？"

"如果琼妮不介意的话，我倒非常愿意出任本次肉刑的监刑官。"劳拉女士的声音在我们背后幽幽地响起，我目瞪口呆，小琼妮却肯定地点了点头。

于是，在那个阳光明媚的星期一的上午，在芝加哥市区一所极普通的幼儿园里，响起了一个稚嫩的声音："请这位绅士体面地接受肉刑。"

这的确非常令人尴尬——我，美国男性公民，35岁，拥有密苏里州立大学新闻学硕士头衔，现为《芝加哥快报》编辑总监的雷蒙尼·道格拉斯先生，穿着整齐的西装、锃亮的皮鞋，向我的女儿，琼妮·道格拉斯，一个年仅5岁的美国女公民，撅起了我的屁股……

（王霞，刘念国. 请这位绅士体面地接受肉刑 [J]. 杉乡文学，2007（11）.）

（二）孩子都有选择权与承担权

看完这个故事，父母就知道行为结果和惩罚，虽然看起来很相似，但实际上它们有着本质的区别。行为结果要事先告知，要跟孩子商量和约定，最重要的就是让孩子来选择，每个孩子都有选择的权利。

选择权和承担权是一体两面，父母尊重孩子的选择权，同时就要尊重他们的承担权。如孩子选择在吃饭时间玩或看电视等，父母尊重他们的选择的同时，就要做好准备让孩子承担挨饿的行为结果。等到孩子玩够了，感觉饿了要吃饭，父母只要平静坚定地告诉他们前面的约定，即实施行为结果的时候，切忌唠叨，不要跟孩子说："谁让你到点不吃饭，我都喊了你好几次，你也不来。""你怎么又这样了。""你答应好好的，怎么又犯错了。""你就是不听话，一而再、再而三地捣乱。"……这种事后诸葛亮、马后炮的唠叨话都不要说，因为这种话使行为结果打折。

最不好的做法是父母一边唠叨、批评、责骂孩子，一边违背约定满足孩子的愿望。这样的反应就是尊重孩子的选择权，却忽视了孩子的承担权，违背了基本的原则——选择权和承担权是一体两面的原则。

父母只要在态度上"平静"，在行动上"坚定"，按照事先约定去实施，就会让孩子体验行为结果，从中学习到责任感。

七、合理的行为结果运用的原则

了解什么是自然与合理的行为结果，以及它与惩罚的差异以后，还需要进一步了解合理的行为结果运用的原则，才能有效培养孩子的责任感。

（一）情绪和行为目的

第一个原则就是要了解孩子的情绪和行为目的。

如前文中的慧慧，当她找不到芭比娃娃、气呼呼来到妈妈面前时，父母首先要了解孩子的行为目的。孩子从小就知道用情绪来达到他的目的，如他想要玩具，或者他想出去玩，当妈妈说不同意时，孩子就开始尖叫、大哭。如果妈妈进一步说"不许""闭上嘴""不要再嚷了"等，孩子有可能会倒在地上继续哭，直到父母妥协为止。

孩子从小就知道用情绪来要挟父母，用情绪来达到自己的目的。他通过伤心、难过让父母自责、内疚，他也可以通过愤怒、生气、发脾气来控制父母，从而达到自己的目的。

如孩子跟妈妈说："妈妈，我今天考试没考好，很伤心。"此时父母要停下来，好好思考，区分对待，才能有效帮助孩子成长。如果孩子真的很伤心，父母要用积极倾听（反映倾听）来缓解孩子这种负向情绪。如果孩子想用这种方式来控制父母，他知道自己表现伤心，父母就不好意思批评他了，父母就要学会识破孩子的行为目的。

当孩子哭的时候，父母要分清孩子是哭闹还是伤心地哭。如果是前一种哭闹，就要按照行为目的方法，判断孩子的行为目的是吸引注意、争取权利、报复，还是自暴自弃，根据不同的行为目的给予正确的回应，避免强化孩子的偏差行为。

如果孩子是后一种，真的感到伤心、难过、沮丧，父母要用积极倾听（反映倾听）的沟通方法，如身体姿势、重述、改句子、引导、摘要、举例子等沟通技巧，允许孩子表达自己的感觉和负向情绪，帮助孩子神经镇定，心灵净化。

当然，孩子生气的时候，如慧慧，她气呼呼地指责妈妈把她的芭比娃娃给藏起来了。妈妈如果也感觉到生气了，就要识破她的行为目的。按照行为目的的判断标准，孩子可能在争取权利。孩子是在暗示妈妈："你不能拿我的东西，我才是玩具的主人。"此时正确的应对方式是妈妈要用灭火口诀让自己"一离二吸三凉水"，等到自己情绪平静以后再和孩子沟通，表达"我的信息"和运用合理的行为结果。

沟通顺畅的关键是情绪，只有妈妈和孩子的情绪都平静以后，才能实施行为结果。如果父母生气了，最先处理的应该是父母的情绪，即灭火口诀（一离二吸三凉水）。父母情绪平静后，再来处理孩子的情绪，如积极倾听。父母和孩子的情绪都镇定以后，再去专注地解决问题。

一般来说，自然的行为结果不太受行为目的的影响，只要父母允许孩子行为结果自然地发生，孩子就会自动修正行为。如孩子早晨起床晚了，他上学迟到就会被老师批评，第二天自然就会早起；如果孩子不吃饭，其结果就会饿，第二天他自然就会好好吃饭了；孩子穿衣服也一样，孩子今天选择穿单衣服，他出门冷了就知道明天要多穿一些；孩子今天少喝水，明天就可能上火，他就会自己喝水……

如果父母不允许孩子行为结果自然发生，就可能落入孩子行为目的的圈套，无意中强化了孩子的偏差行为。如有个妈妈在孩子刷牙这件事情上特别关注，导致孩子落入行为目的圈套。这个孩子从小其实很爱刷牙，但是妈妈每次都说孩子刷得不干净，都要让他再刷一遍，慢慢地孩子开始逆反，不好好刷牙，他要用这样的方式来争取自己的权利。有时候，孩子告诉妈妈刷完牙了，妈妈检查他的牙刷是干的，就说："你刷牙了，牙刷为什么是干的？""怎么没听到水声？"下一次孩子就知道要把牙刷弄湿，把水龙头打开。妈妈又说："牙刷虽然湿了，可是牙膏怎么一点儿都没少？"再后来妈妈发现每次孩子说刷完牙的时候，牙刷湿了、牙膏确实少了，妈妈以为孩子确实刷牙了。

有一天妈妈发现孩子牙齿上有一个洞，很纳闷，为什么孩子天天刷牙还会出现龋齿呢？妈妈把孩子带到医院，医生说孩子很久没有好好刷牙了。原来孩子每次在刷牙的时候，因为妈妈要检查牙刷、牙膏和水声，他就打开水龙头、把牙刷弄湿、牙膏挤出一点，就是不刷牙。他用这种方式向妈妈抗议："我才是我的主人，我想做我愿意做的事，谁也不能强迫我做事。"父母常常因为不了解孩子的行为目的，过多地承担孩子应该承担的责任，违背了问题所有权的界限，导致孩子用这种方式来报复父母，孩子是最大的受害者。

父母了解孩子的情绪和行为目的以后，就要允许孩子自然的行为结果发生，也就不会受行为目的影响。合理的行为结果只对吸引注意的行为有效，对其他的行为目的无效。如果孩子的行为目的是争取权利、报复、自暴自弃，表明孩子与父母的亲子关系出现问题了，如果父母还用行为结果法约束孩子，不仅无效，而且会加深彼此的不满和裂痕。

当孩子的行为目的是争取权利、报复、自暴自弃时，父母就要根据不同的行为目的，给予有效的回应。可以用积极倾听（反映倾听）允许孩子表达自己的感觉和负向情绪，或者用"我的信息"表达自己的感觉，在尊重孩子的基础上，让孩子看到他的行为对父母造成的困扰。这两种沟通方式的目的都是为了与孩子重新建立亲子关系，因为所有的教育方法和技巧都要在良好的亲子关系基础上才有效。

（二）态度温和

第二个原则就是父母的态度要温和而不过于保护。

如一个小男孩去朋友家玩，临走的时候阿姨给了他一块糖，他特别喜欢，一直攥在手心里。回到家的时候发现糖不见了，孩子就哭喊着说："我要，我一定要，我就要这颗糖。"父母怎么样哄劝都没有效果，没有办法全家先在家里找，没有找到，又打着手电沿路往回找，还是没有找到。没办法，在深更半夜的时候他们就敲响了朋友家的门，跟人家再要一块这样的糖。就这样，孩子在父母的过度保护下长大了，他喜欢上一个女孩，向人家表白后被拒绝了，结果他割腕自杀。他被送到医院的时候，父母说："你怎么能为了一个女孩子就伤及自己的性命，连父母都不要了吗？"孩子还是那句话："我要，我一定要，我就要这个女孩。"他的话跟小时候"我要，我一定要，我就要这颗糖"如此相似。孩子小时候父母的过度保护，让他没有能力解决问题，没有责任感。

再如孩子放学回家看电视，妈妈说了他几次后生气了，最后这个孩子把电视机砸了。这个例子中，如果妈妈能够温和而坚定地表达"我的信息"，告诉孩子："当你答应我回家写作业，可是你却连书包都没打开，还在看电视，我提醒了几次你都没动，我觉得很生气。"如果亲子关系好，孩子通常就会关上电视，然后去写作业。如果孩子听了妈妈"我的信息"之后继续再看电视，可以用行为结果："按照约定，你今天回家没有先写作业，而是先看电视了，明天的游戏时间暂停。如果明天能尊重约定，后天还可以玩。"这个约定应该是事先跟孩子商量、孩子自愿选择的。只要平静坚定执行约定即可，孩子感受到妈妈的尊重，就会从行为结果中学习到要为自己的行为负责任。

再如豆豆小时候玩游戏，假设豆豆要玩10分钟，使用定时器来计算时间。10分钟很快就到了，孩子正玩得高兴，不想停下来，用合理的行为结果能够有效解决这个问题。

孩子第一次犯错，父母不打、不罚、不骂，要跟孩子讨论下一次怎么办。如我问豆豆："说好玩10分钟游戏，可是到点你不关游戏怎么办？"讨论的结果是如果到了10分钟，孩子不关游戏，当天多玩的时间，第二天加倍少玩。如当天多玩1分钟，第二天就要少玩2分钟。以此类推，如果当天多玩了5分钟，第二天就要少玩10分钟，即不玩游戏。当天多玩5分钟时，父母有权利直接关闭游戏。这样的约定达成以后，最好写下来，父母和孩子签字。从此以后，孩子玩游戏遇到这种到点不想停下来的情况，就要评估一下，我今天多玩1分钟，明天少玩2分钟合不合算，如果他觉得不合算，就会立刻关上，这个过程就是训练孩子自控力的过程。

如果你的孩子不仅不关游戏，而且生气发脾气、要赖等，就要重新调整游戏规则。父母如果生气了，先去灭火（一离二吸三凉水）。父母情绪稳定后，考虑孩子是否有争取权利的行为目的，具体参考第三章和《儿童时间管理训练手册》第68页的"如何管理游戏和电视时间"。切忌：讲道理。

通过合理的行为结果，孩子学到为自己的行为负责任，也学到控制冲动、延迟满足。从"软糖实验"中，父母知道控制冲动、延迟满足对孩子的未来有多么大的意义。

再如，有一个小孩在公园玩，他特别想吃冰棍，妈妈就跟他说："你现在吃冰棍，一边吃一边走，会走得很慢，咱们走到公园门口再吃好不好？"这个孩子就不愿意，哭闹，妈妈也就有点要生气了。正想用惩罚的方式威胁孩子时,我赶紧走过去,跟妈妈说,你可不可以换一种方式告诉孩子,他现在吃就买一根冰棍,妈妈跟他一起吃,你一口我一口,而且妈妈这一口会很大;如果你能走到公园门口再吃就给你买一整根。妈妈话音未落,孩子撒腿就跑向公园门了。我看着跑远的母子俩,非常开心。

这就是合理的行为结果的妙用,让孩子有选择的权利,同时赋予孩子承担的权利。父母要态度温和地告诉孩子可选的项目,孩子会自我评估之后做出恰当的选择。这个选择的过程,不是一次就对了,孩子可能要选错很多次,只要父母允许孩子选错,他会从错误中学习。如孩子回家以后想玩游戏、不想写作业,父母可以跟孩子约定一个行为结果——孩子回家就玩游戏只能玩 5 分钟,如果孩子写完一项作业可以玩 10 分钟,如果孩子所有作业都写完可以玩 20 分钟。同时要跟孩子约定如果没有按照这个约定做,他要接受的行为结果是什么。

如豆豆晚上不爱睡觉,我跟孩子约定晚上 9 点上床睡觉,同时定义"上床睡觉"的标准就是"关灯,闭眼,不动"(打开夜灯是可以的),这些行为是孩子可以控制的。父母千万不要以孩子是否睡着为标准,因为是否睡着不是孩子能控制的,根据问题所有权的标准,也不属于父母的问题,因此父母不能干涉。和孩子约定如果豆豆上床晚了,如今天晚了 5 分钟,如果明天闹钟一响就起床,没有问题;如果明天早晨到点起不来,说明孩子没睡好,明天晚上就要早上床 10 分钟。因为孩子有选择,他更愿意遵守约定。

豆豆今天想多玩一会儿、晚点上床睡觉,就要想明天早晨是否能按时起床,或者就要接受晚上早睡 10 分钟的行为结果。有了这个约定,我也乐得放弃"狼追型"的提醒、催促、警告,不再像个闹钟妈妈一样跟在孩子后边、过多地承担孩子的责任,豆豆也慢慢养成了良好的睡眠习惯。

父母面对孩子的这些问题,首先要分清问题所有权。如果问题是孩子的,父母就把问题交还给孩子去面对和解决，让自然的行为结果发生。如果问题所有权是父母的，不能让结果随着行为自然而然发生（因为可能有危险），父母就需要设计合理的行为结果，事先约定、平静坚定地实施。

态度上要温和，这是基础。如果父母生气了，一定要先灭火（一离二吸三凉水）。如果父母觉得伤心难过，请先离开孩子，好好照顾自己的情绪，等自己情绪稳定了再来关注孩子。

我认识的一个妈妈做得特别好，她每天下班的时候就站在门口，想象着自己戴了一顶微笑帽，尽量让自己微笑，然后再走进房间。她说有时候真的很累，工作压力很大，如果当天老师又告状了，真的笑不出来。她就在小区院子里多走几圈，直到自己能够笑出来的时候她才回到家里，温和而平静地面对孩子。

面对孩子的时候是有技巧的，如老师告状，孩子语文课上违反纪律，或者孩子在学校打架，父母回家以后不要直接说孩子打架的事，也不要直接说老师告状的事。如语文老师告状了，父母可以说："孩子，你的数学老师夸你了。数学老师说你上课特别专注，你是怎么做到的？"也可以夸孩子说："你的英语老师表扬你了，英语老师说你上课特别积极回答问题，非常活跃，你是怎么做到的？"当父母这样鼓励孩子的时候，如果亲子关系良好，孩子不担心犯错挨罚，他会主动说："妈妈，今天语文课上我表现不好，老师批评我了。"

当孩子这样说的时候，妈妈不要批评他，首先要鼓励孩子的诚实，可以说："你主动告诉妈妈自己的错误，妈妈觉得你特别诚实，我要给你加 3 颗红星！"然后了解孩子说话的具体情况，原来孩子在语文课堂说话，是因为他没带彩笔，想跟同学借彩笔，老师误认为他扰乱课堂纪律就批评了他。如果孩子说这件事的时候，感到委屈、伤心、不公平，妈妈要积极倾听（反映倾听），接纳孩子的负向情绪，允许他表达自己的感觉。等孩子情绪平静后，就进入讨论环节，妈妈可以问孩子："下一次你又没带彩笔，想跟同学借怎么办？"把孩子引导到问题解决，通过问题解决六步骤，和孩子讨论"下一次"怎么解决这个问题，最终找到解决办法。

同时妈妈可以跟孩子约定行为结果，问孩子："下一次如果你忍不住又跟同学说话怎么办？"孩子可能说："我保证不会了。"父母可以说："妈妈相信你特别想做到，我说的是也许有特殊情况，你又被老师告状了怎么办？"父母不断地把问题抛给孩子，引导孩子思考，并跟孩子约定一个行为结果，如孩子可以选择帮家里倒垃圾、少玩 5 分钟游戏、打手板 5 下、写一页口算、写一页描红、背一首古诗等。父母可以跟孩子讨论，让孩子自主选择。

父母要注意的是态度温和，但是不要过度保护孩子。如有的孩子在学校被老师批评或者被同学欺负，父母特别想直接找老师，让老师解决问题，或者直接找同学的父母，这都属于过度保护，因为你已经剥夺了孩子成长的权利，而你的孩子也丧失了一个成长的机会。如果父母能好好利用这个机会，和孩子积极沟通，就会帮助孩子成长。

如一个叫小力的孩子，他在学校里被同学打了。那个同学是纪律班长，因为小力上课特别爱说话，老师就给他配了一个表现好的同学来管着他，只要他一说话或者一犯错，纪律班长就会管他。那个同学管的方式非常不好，就是拿一张纸打他，往他身上扇。有一次不小心，这张纸扇到小力的脸上了，小力带着伤就回家了。妈妈看到小力脸上一道划痕，非常心疼，原本想批评小力的话也说不出口。听孩子说了这件事情以后，妈妈也很生气，特别想找老师和纪律班长理论。仔细想想，老师实际上是好心，他希望找一个孩子来帮助小力，如果贸然地兴师问罪，会伤了老师和同学的心，而且小力也失去了进步的机会。想清楚以后，小力妈妈先用积极倾听的方式安抚了孩子的情绪，等到孩子情绪平静以后就问孩子："下一次遇到这种情况怎么办呢？"通过沟通三部曲（接纳、反映、讨论），不仅建立了良好的亲子关系，而且小力学会了解决问题。

当孩子遇到问题的时候，父母不要太冲动，不要冲在前面替孩子解决问题。而要分清问题所有权，只有问题所有权找对了，问题才能解决。否则父母包办代替，不仅剥夺了孩子成长的权利，同时孩子的行为没有任何改善，而且这个问题永远不会解决，所以父母要遵循温和但不过于保护孩子的原则。

（三）行动坚定

第三个原则就是父母的行动要坚定，制定了规则以后就要坚定地执行，态度上要温和。以一个小故事来详细说明。

威廉·斯罗内克是位技术高明的小儿科医师。他有一个小病人，10岁的男孩——罗伯特。斯罗内克医师曾说，每逢罗伯特门诊的日子，他的小儿科同事都会觉得恐慌。说罗伯特攻击诊所一点都不夸张，他抓器具、抢档案文件和电话、打砸桌椅和文件柜。他那无奈的母亲常常在一旁难为情地摇头。

有一次，在罗伯特例行体检的时候，斯罗内克医师发现罗伯特的牙齿被蛀了一个大洞，这下罗伯特非得转到牙科处理不可。但是谁有这份荣幸来伺候他呢？介绍罗伯特这种病人给同事可能意味着一段专业人员之间的友谊将告终结。

斯罗内克医师最后决定送他到一位据说是很了解小孩的老牙医那儿去。接下来的场面，现在看来简直就是人性冲突史上的一次经典的关键时刻。罗伯特到了牙医的办公室里，准备开战。

"坐到椅子上去，年轻人。"牙医说。

"休想！"男孩应道。

"孩子，我要你爬到那张椅子上去，那就是我要你做的事情。"牙医说。

罗伯特盯了对手一会儿，说："如果你硬要我上那个椅子，我就要脱掉我身上所有的衣服。"

"孩子，你就脱吧。"这位牙医冷静地说道。

男孩毫不犹豫地脱掉衬衫、内衣和鞋袜，然后抬眼挑衅地看着牙医。

"好了，孩子，现在到椅子上去。"牙医说。

"你没听清楚？我刚才说的是，如果你要我坐到那个椅子上去，我就脱掉'所有的'衣服。"罗伯特激动地说。

"孩子，那就脱吧。"医生应道。

罗伯特继续脱掉他的长裤和内裤，最后光溜溜地站在医生和助理的眼前。

"现在，到椅子上去。"牙医说。

罗伯特照做了，而且在整个治疗过程中都很配合。在蛀牙钻好也补好之后，他听从指挥，顺从地从椅子上下来。

"现在还我衣服来。"男孩说。

"抱歉，告诉你妈妈，今天晚上你的衣服由我来保管。她可以明天再过来取。"医生答道。

想象一下，当候诊室的门打开，罗伯特的母亲见到一身光溜溜像出生婴儿般的儿子时该有多么惊讶。候诊室里坐满了患者，罗伯特和他妈妈不理会那些在一旁窃笑的人，他们经过这些人的身边到走廊上，搭公共电梯到停车场。

隔天，罗伯特的母亲返回诊所拿衣服，并要求和牙医说句话。然而，她不是来抗议的，以下是她的感言——"你不知道我多么感谢昨天在这里发生的一切。你知道吗？罗伯特用脱衣服来威胁我已经好几年了。每当我们到公共场所，如杂货店，他要是对我提出不合理的要求，而我如果不立刻答应买他想要的东西时，他就威胁说要脱光身上的衣服。你是第一个拆穿这张假面具的人，医生，这件事对罗伯特的影响实在是不可思议！"

这就是坚定，就像老牙医一样，他一直坚定地告诉这个孩子，"爬到椅子上去""坐到椅子上去""你想脱衣服可以，但是还要坐到椅子上去"。当父母平静地、态度温和地坚持一个原则的时候，其实孩子会配合的。孩子之前的那些行为，都是因为当他用情绪或者行为能够威胁到你的时候，当你觉得烦、生气、伤心、想放弃的时候（这是行为目的的判断标准），孩子都会感觉到的，因为大部分信息都是通过情绪传递出去的。孩子完全可以了解到父母是怎么想的，他就会用情绪和行为目的来达到自己的目的，父母因为不了解这些规律而错误地强化了孩子的偏差行为。就像罗伯特，用脱光衣服控制了妈妈，从而达到自己的目的。父母只有遵循坚定、温和的原则（平静坚定），才会破解孩子的行为目的，帮助孩子表现出正确的行为。

（四）迎接挑战

第四个原则就是父母可能要面临一些挑战。在家里，当妈妈或者爸爸其中一个人要用这种民主的方法来教育孩子的时候，另一方可能会觉得你这个方法太慢了，还是原来那种惩罚和威胁的方式来得快。例如一个孩子作业写得很慢，妈妈用民主的方法，短时间内不见效果。爸爸就急了，恢复用惩罚的方式管教他，这种方法在孩子小的时候有效，每次被爸爸训斥后，孩子都会哭泣着完成作业。但是现在，孩子已经四年级了，这种惩罚的方法无效了，孩子开始坐在那儿不写，后来爸爸就打一巴掌或踢一脚，孩子写一个字，直到晚上 9 点半的时候，5 个字，每个字写 6 遍还没有写完。妈妈也很沮丧，不仅没有帮助到孩子，还和爸爸吵了一架。

父母已经习惯了传统的"狼追型"教育，现在想用民主的"驱力型"教育时，就要面对很多挑战。我们要允许自己犯错，允许自己可能做不好。或者当我们用这种方法的时候，另一方不同意，甚至也有可能是老人不同意。如吃饭，父母如果用行为结果让孩子选择，当孩子选择继续看电视、玩游戏，而父母到点把饭收起来，孩子想吃饭，哭着闹着喊饿、就要吃的时候，爷爷奶奶或者父母其中一方可能会心软而想满足孩子。这个时候如果心软了，满足了孩子，其实大家都中招了。因为我们不了解孩子的行为目的，导致孩子的偏差行为被增强而保留下来。

如一个小孩想要买玩具，父母不同意，他就大哭。刚开始他哭着哭着就晕倒了，父母不忍心就满足了他的要求，孩子瞬间就醒过来了。还有一个孩子，他哭的时候父母没给他，当他哭得胆汁都出来的时候，父母满足了他的要求。从此以后，孩子就学会了用情绪和行为来控制父母，孩子的这种偏差行为就会保留下来了。

面对孩子这些行为的时候，父母要允许自己犯错，也要允许自己接受挑战，无论是来自配偶的，还是老人的。我们要忍得住"心软"，要坚定，不要过度保护。在态度上我们要温和，管理好自己的情绪，不要被孩子的情绪激怒。

情绪是会传染的，当孩子生气、发脾气的时候，父母也很容易生气、发脾气。父母常说："这孩子总是招我，拱我的火。"通过第四章父母情绪的学习，我们已经知道情绪的权利在自己，负向情绪源于负向想法。当我们生气的时候要灭火，我们可以一离二吸三凉水，让自己保持平静、温和。当对方不承认我们，认为我们的方法不好的时候，我们也不需要理论、争辩，而需要坚定地执行。因为我们相信蝴蝶效应，即小改变带动大变化。

如果父母的观点不一样，我建议彼此合理分工，如妈妈管学习，爸爸管生活，反之亦可；也可以爸爸管语文，妈妈管数学、英语。实践一段时间以后看看孩子的变化，各自用自己的方法，一个用传统的方法，一个用父母效能的方法，看看这两种方法在孩子身上会发生什么样的变化。实践是检验真理的唯一标准，只要持之以恒，对方一定会看到孩子的进步，自然而然就会接受这种民主教育的方法。面对挑战，大家要自我鼓舞，从点滴做起，从每一件事情开始。不要着急，慢慢来。

通过前面几个章节的学习，父母应该清晰地知道面对孩子的时候，要做到以下几个方面，才能事半功倍。

第一，父母要关注的是自己的情绪，保持自己情绪的平静，是一切技巧和方法的基础和关键。如果父母不平静，生气了就要去灭火，伤心了就要寻求安慰，父母效能特别强调情绪稳定。父母已经知道生气的权利在自己，也知道自己为什么生气，就是因为对孩子的高期待——相对于自己孩子来说的高期待。如果父母能够把期待换成目标——就能分解成小目标。如我希望孩子能坐 15 分钟，转化成目标，分解至 3 分钟开始训练孩子，每天或者每周增加 1 分钟，孩子体验到努力后的进步和成功，有成就感。父母也会有成就感，和孩子一起感受成功效应，信心倍增。

第二，当父母情绪平静以后，就要思考孩子的行为目的是什么？他现在又哭又闹想干什么？他这样磨磨蹭蹭想干什么？……父母就要根据行为目的的标准，问问自己我觉得烦了吗？我觉得伤心吗？我觉得生气了吗？还是我觉得想放弃了？通过自己的感觉来判断孩子的行为目的，然后根据孩子的行为目的给出正确的回应，才能保证孩子好的行为保留下来，偏差行为慢慢消失。

第三，要分清问题所有权。当我们了解孩子的行为目的以后，还可以问问自己，这个问题的所有权是谁的？父母可以问自己两个问题：（1）孩子的行为是否干扰了我？（2）孩子的行为是否有危险？如果这两个问题的回答都是否定的，这个问题的所有权就是孩子的，你就可以放手让孩子去做，让行为结果自然发生。如果孩子很伤心，父母就积极倾听（反映倾听），让孩子充分表达自己的感觉和负向情绪，等孩子平静以后，进入讨论环节，进行问题解决。如孩子该吃饭的时候不吃，该穿衣服的时候他不穿，今天要下雨孩子就不带伞……这些问题的回答都是否定的，父母只要允许自然的行为结果发生，孩子就会在这个行为结果的体验中有所进步，他将学习到下一次自动修正自己的行为。当父母了解孩子的行为目的、分清问题的所有权，就知道如何应对孩子。如果问题所有权是孩子的，就用"积极倾听＋问题解决"。如果问题所有权是父母的，就用"我的信息＋合理的行为结果"。这些技巧有效的前提都是父母要平静！

第四，要跟孩子一起制订亲子计划，建立良好的亲子关系。所有的教育都是以爱为出发点的，爱就是尊重和接纳，就是父母和孩子都能充分表达自己的感觉和想法，而不必担心被对方拒绝。如跟孩子一起制定三表（时间表、星星表、礼物表），互相说说彼此的进步，写或者画在一个本子上，即美言录。亲子计划的具体实施方法，可以写美言录，可以跟孩子一起进行优点大轰炸，父母说说孩子今天有什么进步，孩子也夸夸父母今天有什么进步。当父母有负向情绪时，坦诚地告诉孩子：父母也会伤心、难过、沮丧、生气等，并不是孩子不好，而是父母对孩子的期望过高，父母正在学习和成长中。这种互相鼓励和坦诚表达有利于建立良好的亲子关系——这是一切教育的基础。有了良好的亲子关系，教育也就顺其自然了。

通过本书的阅读，父母好好学习儿童时间管理效能，制定适合孩子的"三表一录"，发挥儿童时间管理效能的作用，和孩子共同成长！做开心快乐有效能的父母，让孩子成为幸福的普通人。